もっと介護力！シリーズ

>>> FOR LEADERS マネジメントのツボ

変わる！
地域包括ケア時代の働き方

デイサービス生活相談員"できる"仕事術

2015年度介護報酬改定
新基準に完全対応！

著●青木正人（株式会社ウエルビー 代表取締役）

MC メディカ出版

はじめに

　デイサービスは、全国で約173万人、介護サービス利用者の3人に1人が利用し、年間1.5兆円の介護給付費を占める、わが国でもっとも普及している居宅介護サービスです（2013年度）。
　全国約4万箇所の事業所に、7万人ともいわれる生活相談員が勤務しています。にもかかわらず、デイサービスの生活相談員については、資格要件と配置基準は法令によって明示されていますが、その責務や業務について、法令上の明確な規定は存在していません。そのため、「何でも屋」扱いされるなど、専門職としての生活相談員のあり方に、不安や悩みをお持ちの方も少なくないはずです。
　専門性とは、「特定の領域に関する高度な知識と経験」をいいますが、ケアの専門家にとってもっとも重要なことは、利用者に対して「責任」を果たすことにあります。
　責任という言葉を英語でいうと"responsibility"となります。ラテン語の"respondere"（答える・返答・応答；英語なら"respond"）がその語源です。"commitment"（約束を守る）に近い概念です。
　また責任とは、「自由」と対をなす概念で、自由な意思に基づく行為において存在するものです。自由のないところに責任は存在せず、責任のないところには自由も存在しません。
　ところが、我々の多くは「責任」という言葉の本質的な意味を取り違えているように思えてなりません。責任という概念を「義務」と混同しがちです。
　専門職としての責任とは、自らの自由な意思、たとえば理念やミッションに基づいて、利用者との十分なコミュニケーションを通じて、先を見越した適時適切な情報・助言、支援・サービスを提供し、対象者との約束を守ることであるといえます。
　2025年に向けて、国を挙げて「地域包括ケアシステム」を構築するための取り組みが進められています。その実現のためには、

専門家の持つ高度な知識と経験が、多職種間で共有され、利用者や地域に還元されなければなりません。

さらに、2015年度の介護保険制度と介護報酬の見直しは、良くも悪くもデイサービスが、その最大のターゲットともいえる内容になっています。

こういった現実的な課題を前にして、デイサービスの生活相談員の役割と期待は、ますます大きなものになっています。

法令上の縛りが少ないことは、多職種と連携し、利用者の望む生活を地域で実現することの助けにはなっても、妨げにはなりません。利用者・家族から、地域から、そして他の専門職からも「頼りにされる」のがデイサービスの生活相談員の特長であり、醍醐味でもあるのです。

本書は、生活相談員として押さえておかなければならない必須のスキルに加え、地域包括ケアシステムの構築という命題にしたがって新たに加わった責務、さらには"できる"相談員にステップアップするためのノウハウをわかりやすくまとめたものです。

地域や利用者に貢献し、事業所のサービスの質向上と自らのキャリアアップを果たしたい意欲的な生活相談員とこれから生活相談員をめざす職員のみなさまに、ぜひ手元においてご活用いただければと思います。

2015年7月

株式会社ウエルビー
代表取締役　青木正人

【謝辞】
　社会福祉法人育恵会・宮城の里デイサービスセンター所長の狩野新一郎氏、QLCプロデュース株式会社・レッツ倶楽部上級生活相談員の廣嶋亜沙子氏からは、貴重な資料をご提供いただきました。

目次

はじめに───2

1章 こう変わる！──生活相談員の地域包括ケア時代の働き方

1 デイサービスのパラダイムシフト（大変革）
　──2015年度から変わる生活相談員の役割..................8
　　地域包括ケアシステム構築が本格始動───8
2 2015年度介護報酬改定の意図を読みとろう..................11
　　ICFに基づく生活機能の維持・向上───11
3 加算に振り回されないために..................14
　　体制要件を整えるのが目的ではない───14
4 地域連携の拠点として地域包括ケアを担う..................16
　　プロフェッショナルに求められること───16

コラム みなさんの顧客は誰？───20

2章 何でもやる！──生活相談員の日常業務

1 規定のない職種──デイサービスの何でも屋？..................22
　　「何でも屋」は誇りの証し──かけがえのない貴重な存在───22
2 生活相談員の仕事を可視化して効率アップ..................25
　　生活相談員の日課と月間スケジュール
　　──仕事の棚卸しをしよう───25
3 事業所の経営面を考える..................29
　　1）生活相談員、実は利用者獲得の営業マン？───29
　　2）稼働率アップは生命線───30
4 介護現場にも積極介入？..................31
　　生活相談員がケアの現場に入る意義───31
5 通所介護計画作成はデイサービスの生命線..................32
　　1）生活相談員の腕の見せ所──通所介護計画作成───32

2）便利な厚生労働省の様式を活用しよう── 34
6 全人的な観点から捉える相談援助が不可欠 ……………………………… 38
　　生活相談員としての役割を明確に── 38

3章 ここまで必要！──生活相談員に必須のスキル

1 何だそうだったのか！──誰も知らない法令の読み方 …………… 42
　　1）利用者・事業所双方の利益になる法令の知識── 42
　　2）法令って何だろう？── 42
　　3）介護事業に必要な基本法令── 43
　　4）覚えておくべき基本の法令── 44
　　5）法令を読みとる順序── 45
　　6）「認知症加算」を読み解いてみよう── 46
　　7）Q&Aだけを読んで済ますことの落とし穴── 52
2 デイサービスの品質管理──PDCAサイクルのホントの意味 ……… 55
　　PDCAの意味を再確認しよう── 55
3 記録・文書が事業とサービスの質を高める──監査対応を超えて… 59
　　1）記録とは── 59
　　2）記録をとる意味── 60
　　3）記録にテーマをつける── 62
4 何はなくてもコミュニケーション力
　　──利用者・家族、ケアマネ対処法 ……………………………………… 64
　　1）コミュニケーションとは── 64
　　2）コミュニケーションが進展させる「気づき」── 65
　　3）利用者・家族とのコミュニケーション── 66
　　4）他職種とのコミュニケーション── 66
　　5）ケアマネジャーとのコミュニケーション── 69

4章 さらなるステージへ！――"できる"生活相談員のマネジメント

1 サービスの質を上げる ………………………………………………………… 74
   1）介護事業の3つの質―― 74
   2）ある日突然サービスはよくならない―― 75

2 サービスの構造と「見える化」………………………………………………… 78
   1）理念を実現する仕組みが機能しているか―― 78
   2）マネジメントの改善プロセス―― 81

3 リスクマネジメントの真の意義――事故防止を超えた取り組み …… 85
   1）リスクマネジメントとは―― 85
   2）リスクマネジメントのプロセス―― 87
   3）SHELLモデルの活用―― 89
   4）苦情への対応―― 91

● 参考文献 ……………………………………………………………………… 93
● 資料 …………………………………………………………………………… 93

1章

こう変わる！
──生活相談員の地域包括ケア時代の働き方

1 デイサービスのパラダイムシフト（大変革）
——2015年度から変わる生活相談員の役割

地域包括ケアシステム構築が本格始動

　2015年度介護保険制度改正・介護報酬改定によって、デイサービスの生活相談員の働き方は、大きく変わることになりました。2015年は、すべての団塊の世代が65歳以上になる年です。そして、すべての団塊の世代が75歳以上（後期高齢者）となる10年後の2025年を見据えて、国を挙げて取り組みが始まりました。地域包括ケアシステムの構築の本格始動という意味で、2015年は地域包括ケア元年とも称されています。

　地域包括ケアとは「ニーズに応じた住宅が提供されることを基本とした上で、生活上の安全・安心・健康を確保するために医療・介護のみならず福祉サービスも含めたさまざまな生活支援サービスが日常生活の場（日常生活圏域）で適切に提供できるような地域での体制」*と定義されています（図 1-1）。

>＊「地域包括ケアシステムの構築における今後の検討のための論点」（地域包括ケア研究会[1]・2013年3月）
>
>[1]「安心と希望の介護ビジョン」や「社会保障国民会議」における議論等を受け、平成24年度から始まる第5期介護保険事業計画の計画期間以降を展望し、地域における医療・介護・福祉の一体的提供（地域包括ケア）の実現に向けた検討に当たっての論点を整理するため、平成20年度老人保健健康増進等事業として、有識者をメンバーとする研究会を開催したのが始まり。

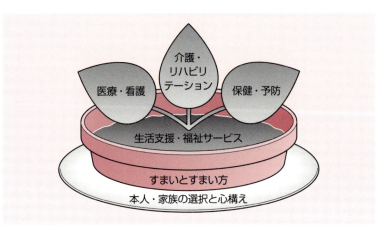

図 1-1 ● 地域包括ケアのイメージ

法改正で何が変わるのか

●サービスが「機能」で再編される

地域包括ケアの理念に基づいて、介護保険法の改正が行われ、2014年6月には「医療介護総合確保推進法」が成立しました。

それに続く、2015年の介護報酬改定にも、大きな動きがありました。それは、

❶ 中重度（認知症・看取り・リハビリテーション）対応の強化
❷ 人材・資源の有効活用と効率化の推進、そして
❸ 「適正化」という名の報酬カットです。

これらの方針を実現させるために強調されたのが「機能」というキーワードです。これは、サービス種別やサービス提供者の職種が大切なのではなく、利用者を中心に、その人がやりたいことやその人の生活の質を高めるための「機能」をもっているのかどうか、という観点でサービス提供体制や報酬体系を変えていくという方針だと言えます。

●通所介護と認知症対応型通所介護の違いがなくなる？

たとえば、通所介護に新設された「認知症加算」*を考えてみてください。認知症の利用者を対象とするデイサービスには、認知症対応型通所介護がすでに存在しています。今回の報酬改定で目指したのは、「通所介護」と「認知症対応型通所介護」というサービス種別によって、対象となる利用者や実施されるサービス内容を区別していく方向ではないということです。今後、大幅に増加する認知症高齢者を積極的に受け入れ、在宅生活を継続するための有効なサービスを提供するという「機能」を重視したのです。

極論すれば、今後、つまり2018年度以降の介護報酬改定では、通所介護と認知症対応型通所介護というサービス名の違いは意味がなくなるともいえるのです。

●地域包括ケアとは大変革の始まり

このような大変革――パラダイムシフトとも呼ばれ、これまで当然のことと捉えられていた考え方や規範、社会全体の価値観などが革命的、劇的に変化すること――は、第一歩が踏み出された

 ＊認知症加算

イからニまでについて、別に厚生労働大臣が定める基準に適合しているものとして都道府県知事に届け出た指定通所介護事業所において、別に厚生労働大臣が定める利用者に対して指定通所介護を行った場合は、認知症加算として、1日につき60単位を所定単位数に加算する。

「指定居宅サービスに要する費用の額の算定に関する基準」平成12年厚生省告示第19号 別表の6の注9（基準については93ページ参照）。

> *PDCA
>
> 事業活動の効率を高め、継続的に改善していくための業務プロセスの管理手法のこと。計画（Plan）⇒実行・実施（Do）⇒確認・評価（Check）⇒対策実行（Action）。サイクルを構成する4段階の頭文字をとってPDCAサイクルと呼ばれる（55ページ参照）。

ばかりです。これからはその変化が、ますます加速していくのが、地域包括ケアという、これまでになかった社会システムを作り上げることのあらわれなのです。

● **介護報酬改定で強調された3つの点**

デイサービスの「要」である生活相談員は、この大きな流れ、うねりを認識していなくていけません。制度や報酬の変化のうわべではなく、その奥にある意味や根本的な原因を理解していれば、改正や改定への対応、さらにはこれからどうなるかという推測も、それほど難しいことではなくなるはずです。

これからのデイサービスについて求められる機能として、報酬改定で具体的に明らかにされたのは、次の3つの点です（図1-2）。

❶ 生活機能の維持・向上
❷ 認知症高齢者・重度者への対応
❸ 地域連携の拠点としての機能

それぞれの機能の強化がもたらす生活相談員の働き方の変化について見ていくことにします。

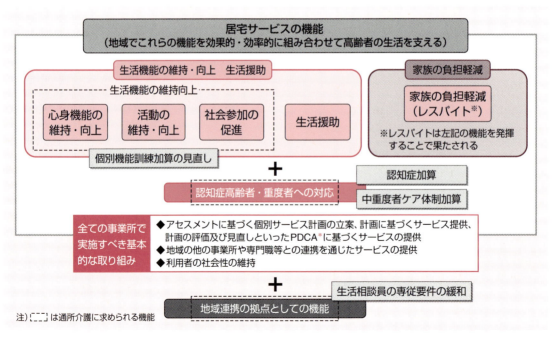

図1-2 ● これからの通所介護に求められる機能

2 2015年度介護報酬改定の意図を読みとろう

ICFに基づく生活機能の維持・向上

　2015年度介護報酬改定で、高齢者が住み慣れた地域の中で暮らし続けるために、「心身機能」「活動」「参加」などの生活機能の維持・向上を図るものでなければならないことが改めて強調されました。この構造は、2001年にWHO（世界保健機関）が提唱したICF（国際生活機能分類：International Classification of Functioning, Disability and Health）に基づく視点です（図1-3）。

　これまでは、リハビリテーションや機能訓練というと「関節の可動域を広げる」「筋力を増強する」など、身体機能向上へのアプローチに偏りがちでした。これを改め、生活行為向上訓練を実施することで「活動」「参加」という、「心身機能」だけではない視点からのアプローチによって、生活機能の向上を図り、利用者本人

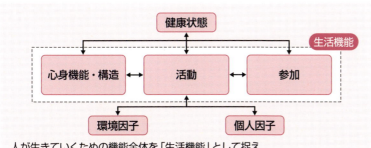

図1-3●国際生活機能分類（ICF）

📖 **＊ADL：Activities of daily living**
日常生活動作。食事、排泄、入浴など、日常的に基本的かつ具体的な活動のこと。

📖 **＊IADL：Instrumental Activities of Daily Living**
手段的日常生活動作。交通機関の利用や電話応対、家事、金銭管理など、自立した生活を営むためのより複雑で多くの労作が求められる活動のこと。

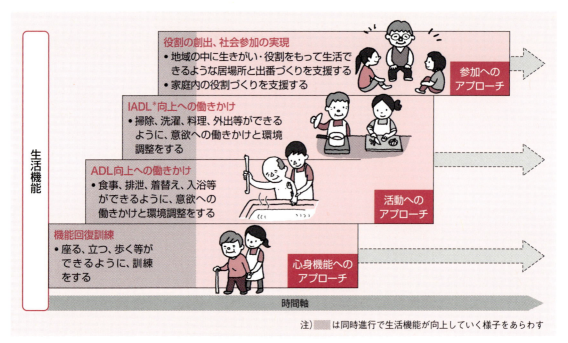

図 1-4 ● 生活機能の向上と心身機能・活動・参加へのアプローチ

が望んでいる生活を支えていくことを目的とすることを明確にしました（図1-4）。

具体的な見直し例―個別機能訓練加算

具体的には、「個別機能訓練加算」*の見直しが行われました。地域で在宅生活が継続できるよう、生活機能の維持・向上に資する効果的な支援を行う事業所を評価するため、個別機能訓練加算の算定要件に、「居宅を訪問した上で計画を作成すること」を新たに加え、評価を引き上げました。

とりわけ、個別機能訓練加算（Ⅱ）については、

- ADL・家事・職業能力や屋外歩行といった生活行為全般である「活動」
- 家庭や社会生活で役割を果たすことである「参加」

という生活機能の維持・向上にフォーカスしています。

そのため、機能訓練計画の目標は、利用者の「参加」「活動」に資するものでなくてはなりません。具体的には、右ページのような目標が考えられます。

実際の訓練内容や環境についても、心身機能向上のための訓練

＊個別機能訓練加算

イからニまでについては、別に厚生労働大臣が定める基準に適合しているものとして都道府県知事に届け出た指定通所介護の利用者に対して、機能訓練を行っている場合には、当該基準に掲げる区分に従い、1日につき次に掲げる単位数を所定単位数に加算する。
イ　個別機能訓練加算（Ⅰ）
　　　　　　　　46単位
ロ　個別機能訓練加算（Ⅱ）
　　　　　　　　56単位
「指定居宅サービスに要する費用の額の算定に関する基準」平成12年厚生省告示第19号別表の6の注8（基準については93ページ参照）。

- 具体的な生活上の行為の達成につながるもの
  - 週に1回、囲碁教室に行く
- 居宅における生活行為
  - トイレに行く
  - 自宅の風呂に1人で入る
  - 料理を作る
  - 掃除・洗濯をする
- 地域における社会的関係の維持に関する行為
  - 商店街に買い物に行く
  - 孫とメールの交換をする
  - インターネットで手続きをする

とは異なったものになります。

　実践的な訓練を反復して行うことによって、段階的に、目標とした行為を実現することを目指します。したがって、訓練内容は、

- 実際の生活上のさまざまな行為を構成する実際的な行動そのもの
- 実際的な行動を模した行動

となります。

　そのため実施に当たっては、浴室設備、調理設備・備品を揃えるなど、実際的な環境で訓練を行うための工夫も必要になります。

● 生活相談員が果たす重要な役割

　このように個別機能訓練加算を算定するためには（Ⅰ）、（Ⅱ）とも、機能訓練指導員"等"が居宅を訪問し、利用者の生活状況を確認し、多職種共同で個別機能訓練計画を作成し実施することとされました[*1]。この「機能訓練指導員等」には、機能訓練指導員だけでなく、生活相談員も含まれています[*2]。

　生活機能の維持・向上という視点からみれば、セラピストまかせにするのではなく、利用者の状況や意向・希望を総合的に把握している多職種協働のキーマンである生活相談員が、クローズアップされてきます。今回の改定で追加された、利用者居宅への訪問を通じて、機能訓練のPDCAサイクル強化という側面で、生活相談員の果たす役割が重要なのです。

[*1]、[*2]「通所介護費における個別機能訓練加算の基準」（93、94ページ参照）

3 加算に振り回されないために

● 体制要件を整えるのが目的ではない

　認知症や重度の介護を要する人が、施設や病院でしか暮らせないのではなく、自宅を含めた地域で暮らせるようにするのが地域包括ケアの目指す姿です。このような状態像の高齢者を支えていくために、認知症加算と中重度者ケア体制加算＊が新設されました。介護職員、看護職員の加配などが算定の要件となっていますが、その体制要件だけを整えれば目的が達せられるというものではありません。

　利用者についてみてみると、認知症加算では、「日常生活自立度Ⅲ以上の利用者の占める割合が100分の20以上」、中重度者ケア体制加算では、「要介護3以上の利用者の占める割合が100分の30以上」が要件となっています。

「ニーズ」があるのか、「対応すべき」なのか

　では、それぞれの要件に該当する利用者が「獲得」できるか。言葉を変えれば、まず、そういった「ニーズ」が存在するのかという問いかけが必要になるのです。

　かりに、ニーズがあるとすると、次には、そのニーズに「自分たちの事業所」が、対応「できる」のか。さらには、対応「すべき」あるいは対応「することが望ましい」のか、という経営判断も必要になってきます。

　その判断材料には、さまざまな要素があります。従来から、認知症や中重度の利用者が多くを占めているという場合を除けば、認知症や中重度の利用者が増えることは、そうでない利用者が減

＊中重度者ケア体制加算

イからニまでについて、別に厚生労働大臣が定める基準に適合しているものとして都道府県知事に届け出た指定通所介護事業所が、中重度の要介護者を受け入れる体制を構築し、指定通所介護を行った場合は、中重度者ケア体制加算として、1日につき45単位を所定単位数に加算する。
「指定居宅サービスに要する費用の額の算定に関する基準」平成12年厚生省告示第19号別表の6の注7（基準については94ページ参照）。

る、少なくともそれらの利用者に影響を与えることは間違いありません。

　例を挙げれば、中重度や認知症の利用者のニーズは、先に述べた生活行為向上訓練に力を入れ、個別機能訓練加算の取得を目指す場合の対象者のニーズとは、必ずしも一致しません。すべての加算を取得できる体制を作ることは可能であっても、選択権を持つ利用者や、利用者の希望にそって事業所を選択するケアマネジャーにとって、中重度、認知症の利用者がメインのデイサービスと、生活行為向上訓練をメインとするデイサービスとは異なった事業所として捉えられたとしてもおかしくはないでしょう。

生活相談員の責務とは

　加算取得は、事業所の「目標」の一つとはなっても、それが事業の最終的な「目的」とは一致しないことがあります。目指すべき事業所の姿を常に忘れないことが、生活相談員の大切な役割、責務ではないでしょうか。

4 地域連携の拠点として地域包括ケアを担う

●プロフェッショナルに求められること

　2015年度から始まった「介護予防・日常生活支援総合事業」（新しい総合事業）の基本的な考え方は、「住民主体の多様なサービスの充実を図る」という点にあります。とはいえ、NPOに代表される、住民による支え合いや助け合いの活動は、まだまだ不足しています。

　このような現状を踏まえ、介護の専門事業者や専門職には、次のような役割と責任が求められています。

❶事業者自らによる生活支援サービスの提供
❷住民主体の多様なサービスが確立できるようになるための専門的支援と教育

①事業者自らによる生活支援サービスの提供

●「儲からないからやらない」で良いのか

　介護の専門事業者や専門職は、現行の介護予防通所介護と同様なサービスを提供するだけではありません。「通所型サービスA」と呼ばれる、これまでの通所介護の基準を緩和したサービスについても、住民主体のサービスが充足するまでの間は、専門事業者が重要な担い手になることは否めないでしょう（表1-1）。

　市区町村の単価設定によっては、採算性が懸念の材料になることは十分考えられます。しかし、受け皿の主体やサービスが整っていないにもかかわらず、「儲からないから手を出さない」では、地域包括ケアの担い手としての心構えが疑われても仕方があり

4 地域連携の拠点として地域包括ケアを担う

表1-1 ●「介護予防・日常生活支援総合事業」（新しい総合事業）の通所型サービスの主な類型

基準	現行の通所介護担当	多様なサービス		
サービス種別	通所介護	通所型サービスA（緩和した基準によるサービス）	通所型サービスB（住民主体による支援）	通所型サービスC（短期集中予防サービス）
サービス内容	・通所介護と同様のサービス ・生活機能の向上のための機能訓練	・ミニデイサービス ・運動・レクリエーション等	体操・運動等の活動など自主的な通いの場	生活機能を改善するための運動器の機能向上や栄養改善等のプログラム
対象者とサービス提供の考え方	・すでにサービスを利用しており、サービスの利用の継続が必要なケース ・「多様なサービス」の利用が難しいケース ・集中的に生活機能の向上トレーニングを行うことで、改善・維持が見込まれるケース ※状態等を踏まえながら、多様なサービスの利用を促進していくことが重要	・状態等を踏まえながら、住民主体による支援等「多様なサービス」の利用を促進		・ADLやIADLの改善に向けた支援が必要なケース等 ※3〜6カ月の短期間で実施
実施方法	事業者指定	事業者指定／委託	補助（助成）	直接実施／委託
基準	予防給付の基準を基本	人員等を緩和した基準	個人情報の保護等の最低限の基準	内容に応じた独自の基準
サービス提供者(例)	通所介護事業者の従事者	主に雇用労働者＋ボランティア	ボランティア主体	保健・医療の専門職（市町村）

せん。

②住民主体の多様なサービスが確立できるようになるための専門的支援と教育

●生活相談員よ！ 外に出よう

これは、より地域包括ケアのプレイヤーとしての自覚が問われる課題です。

2015年度の介護報酬改定では、基準にかかわる通知を改正して、その対応が図られました。それが、「生活相談員の専従要件の緩和」です。

その目指すところは、利用者の地域での暮らしを支えるため、医療機関や他の介護事業所、地域の住民活動などと連携し、通所介護事業所を利用しない日でも、利用者を支える地域連携の拠点

としての機能を展開できるようにするという点にあります。

たとえ1週間に2回、9時間のサービスを利用したとしても、利用者にとっては、全生活時間の1割強の時間をデイサービスで過ごしたにすぎません。デイサービスにいない時間をどう過ごしてもらうか、という視点がデイサービスの生活相談員に求められるのです。

● **デイサービスにいない時間を支える**

これまで相談業務といえば、「事業所内に限った」利用者との対話を主体とした行為でした。それが、以下のような事業所外での業務についても、勤務時間に含めることができるようになりました[*1]。

- サービス担当者会議への出席
- 地域ケア会議への出席
- 利用者宅を訪問し、在宅生活の状況を確認した上での、利用者の家族も含めた相談・援助
- 地域の町内会や自治会、ボランティア団体などと連携し、利用者に必要な生活支援を担ってもらうなどの社会資源の発掘・活用

● **事業所外活動は必ず記録に残すこと**

上記の「社会資源の発掘・活用」にかかわる活動とは、
- 事業所の利用者も含め、地域における買い物支援、移動支援、見守りなどの体制を構築するため、地域住民が参加する会議などに参加する場合
- 利用者が生活支援サービスを受けられるよう、地域のボランティア団体との調整に出かけていく場合

といった活動が想定されています。

このような生活相談員の事業所外での活動に関しては、利用者の地域生活を支えるための取り組みである必要があるということが条件となっているため、証拠としての意味からも、活動や取り組みを記録しておく必要があります[*2]。

この改正を受けて、地域連携の拠点となるデイサービスをつく

*1 【基準解釈通知】「指定居宅サービス等及び指定介護予防サービス等に関する基準について」(平成11年9月17日老企第25号厚生省老人保健福祉局企画課長通知))第3の6の1の(1)従業者の員数④(94ページ参照)。

*2 「平成27年度介護報酬改定に関するQ&A vol.1」平成27年4月1日 問49(94ページ参照)。

図1-5 ● デイサービスを地域包括ケアの拠点として活用する事例
（東京都大田区東糀谷のハルサ コミュニティ）

りだす動きも始まっています（図1-5）。介護保険の通所介護を提供するだけでなく、保険外の生活支援サービスや介護予防、さらにはコミュニティサロンを地域に開放して、地域包括ケアを担おうとしています。

この改正が、加算の有無以上に大きな意義があることを、生活相談員は誰よりも意識していなければなりません。

コラム みなさんの顧客は誰？

みなさんにとって「顧客とは何か（誰か）」を考えてみましょう。

「サービスを利用する人」「お金を払ってくれる人」「事業所が頭を下げる人」「事業所に感謝してくれる人」…。

さまざまな観点から捉えることができるでしょう。

社会保障制度の一環である介護「保険」事業には、保険料と公費が投入されています。公費つまり税金は、国民の義務ですから、全国民が介護保険制度のために負担をしています。保険料だけに限ってみても、介護保険受給者は約500万人ですから、40歳以上の人口をおよそ7,500万人とすれば「保険料を払って保険を利用していない人」が90%を超えています。

社会保障制度は、「社会全体でファイナンシャル・リスクを負う体制」（田中滋・慶應義塾大学名誉教授）だといえます。このような仕組みを理解すれば、介護保険制度は、お金だけを拠出してサービスを受給しない大多数の国民、住民から信頼され、信任されなければ、存続することは不可能です。

みなさんが誰に支えられているのか、事業所の利用者だけに目を向けていればいいというものではない。こんな視点を、ぜひ忘れないでいただきたいと思います。

2章

何でもやる！
──生活相談員の日常業務

2章 何でもやる！──生活相談員の日常業務

1 規定のない職種
──デイサービスの何でも屋？

「何でも屋」は誇りの証し──かけがえのない貴重な存在

デイサービスの生活相談員については、法令等によって配置基準＊と資格要件＊は明示されていますが、その責務や業務についての明確な規定はありません。

かろうじて、介護保険制度発足以前の通知＊1 に

> ア　生活相談
> 　老人の生活、住宅、身上等に関する相談に応じ、適当な援助、指導を行うこと

といった記述がみられるだけです。

そのため、デイサービスのキーマンという存在であるにもかかわらず、自らの専門性やキャリアの重ね方に悩んでいる生活相談員は少なくないはずです。

調査結果で明らかになった業務の多様性

「通所介護のあり方に関する調査研究事業報告書」によれば、生活相談員が「ほとんど相談・調整の業務に専従している」と回答した事業者は、わずか 0.1％ でした（図 2-1）。8 割以上の事業者が、「利用者のケア全般」「利用者の見守り、安全確認」「利用者の話し相手」「利用者の送迎」「利用者のケアマネジャーとの情報交換」など、生活相談員の業務は、多岐にわたっていると回答しています。

このような現実から、生活相談員は「何でも屋」と揶揄されたり、自嘲的にそう呼ぶ人もいます。では、「何でも屋」と呼ばれるのは、

＊配置基準の法令

「指定居宅サービス等の事業の人員、設備及び運営に関する基準」平成11年3月31日厚生省令第37号　第93条第1項第1号（94ページ参照）

＊資格要件の法令

・「指定居宅サービス等及び指定介護予防サービス等に関する基準について」平成11年9月17日老企第25号　第3の6の1の（2）生活相談員（居宅基準第93条第1項第1号）（94ページ参照）
・「特別養護老人ホームの設備及び運営に関する基準」平成11年3月31日厚生省令第46号　第5条第2項（94ページ参照）
・「社会福祉法」昭和26年3月29日法律第45号　第19条第1項（95ページ参照）

＊1　「老人福祉法による老人福祉センターの設置及び運営について」昭和52年8月1日付社老第48号　別紙1「老人福祉センター設置運営要綱」（95ページ参照）

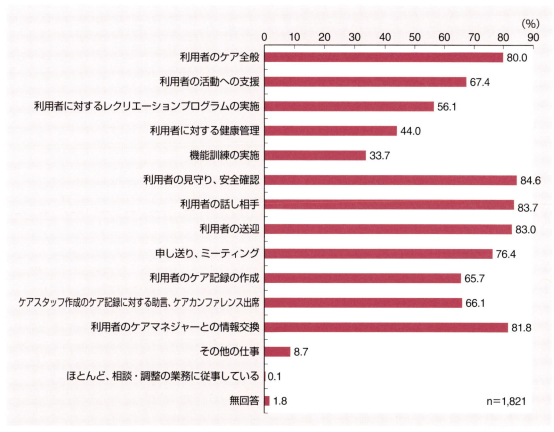

図 2-1 ● 生活相談員の相談・調整業務以外の仕事の従事状況（複数回答）
出典：三菱UFJリサーチ＆コンサルティング．通所介護のあり方に関する調査研究事業報告書，2014年3月．

専門性が発揮できていないからなのでしょうか。

● **生活相談員の存在がデイサービスを特色づける**

同報告書によれば、特色のある通所介護事業所を、
❶ 認知症高齢者の利用率が高い
❷ 重度要介護高齢者の利用率が高い
❸ 医療ケアの必要な人を受け入れ、かつ重度要介護高齢者の利用率が高い
❹ 心身機能の維持・向上訓練から自宅での生活行為力向上訓練まで一貫して実践している
❺ 利用者・家族、ケアマネジャーと十分連携したアセスメントに基づくサービス提供を実践している
❻ 生活機能の維持・向上の観点に基づくケアを積極的に実践し

表 2-1 ● 特色のある通所介護事業所

❺利用者・家族、ケアマネジャーと十分連携したアセスメントに基づくサービス提供を実践している事業所	「生活相談員が多面的な活動を担っているほか、地域の多様な団体や専門機関との連携が実践されていた」
❻生活機能の維持・向上の観点に基づくケアを積極的に実践している事業所	・「利用者や家族介護者向けに特に情報提供や相談等の取り組みに積極的に取り組んでいる」 ・「生活相談員が、相談・調整業務以外の仕事として、申し送りやケア記録に対する助言、利用者に対する健康管理、機能訓練の実施等に従事している」
❼他の事業所や専門機関、自治体、地域住民等との連携に取り組んでいる事業所	「生活相談員が、相談・調整業務以外に、利用者のケア記録の作成、健康管理、機能訓練実施業務にも積極的に従事している」

ている
❼他の事業所や専門機関、自治体、地域住民等との連携に取り組んでいる

の7つに分類しています。

このうち、❺、❻、❼の調査結果は、表 2-1 のようになっています。

生活相談員は、「誰からも頼りにされ、必要とされる、かけがえのない」貴重な存在だという確かな証拠です。

2 生活相談員の仕事を可視化して効率アップ

● **生活相談員の日課と月間スケジュール**
　　──仕事の棚卸しをしよう

　生活相談員の1日と月間の業務の流れの事例を掲げてみました（表2-2、図2-2）。

　これ以外にも、日常的に、利用者および職員の状況を把握することなどは当たり前です。

表2-2 ● 生活相談員の日課

● 3-5時間デイサービス

時間	業務	内容
8:00	ミーティング 送迎	申し送り確認　朝礼
9:00	受け入れ	
9:30	機能訓練	見守り・介助
12:00	送り出し 送迎	連絡帳記入
13:00	送迎	
13:30	受け入れ 機能訓練	見守り・介助
16:30	送り出し 送迎 ミーティング	連絡帳記入 連絡事項の確認 申し送り
17:30	記録	ケース記録・日報等の記入 ケアマネジャーとの連絡・調整

● 7-9時間デイサービス

時間	業務	内容
8:00	ミーティング 送迎	申し送り確認　朝礼
9:30	受け入れ スケジュールチェック 入浴	朝のあいさつ ボランティアへの説明 レクリエーション紹介 ケアマネジャーとの連絡・調整 ケースファイルの整理 見守り・介助
12:00	食事 休憩 レクリエーション	見守り・介助 見守り・介助
16:30	送り出し 送迎 ミーティング	連絡帳記入 連絡事項の確認 申し送り
17:30	記録	ケース記録・日報等の記入

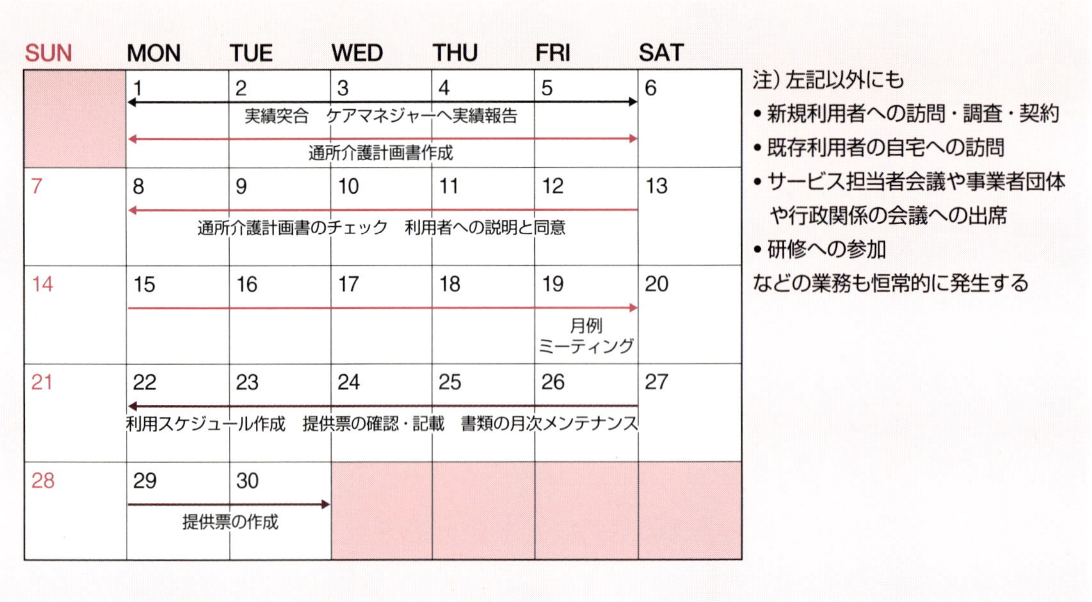

SUN	MON	TUE	WED	THU	FRI	SAT
	1	2	3	4	5	6
		実績突合　ケアマネジャーへ実績報告				
		通所介護計画書作成				
7	8	9	10	11	12	13
	通所介護計画書のチェック　利用者への説明と同意					
14	15	16	17	18	19	20
					月例ミーティング	
21	22	23	24	25	26	27
	利用スケジュール作成　提供票の確認・記載　書類の月次メンテナンス					
28	29	30				
	提供票の作成					

注）左記以外にも
- 新規利用者への訪問・調査・契約
- 既存利用者の自宅への訪問
- サービス担当者会議や事業者団体や行政関係の会議への出席
- 研修への参加

などの業務も恒常的に発生する

図 2-2 ● 月間スケジュール

業務の効率をあげる2つのポイント

このような多様で、多忙な業務を効率よく行っていくためには、
❶仕事の可視化
❷優先順位の決定
という2つのポイントがあります。

❶仕事の可視化

まず、自分の仕事の棚卸しをしてみましょう。

先に挙げた、日課や月間のスケジュールの事例を活用して、みなさん自身の仕事を「見える」ようにしてみてください。

棚卸しをした仕事を、「十分できていること」「ある程度できていること」「できていないこと」の3つに分類してみましょう。

このうち、「できていないこと」については、「なぜできていないのか」という原因と、「どうすればできるようになるか」の対策に加え、「いつまでにできるようにするのか」という期限を決めて、課題改善のセルフプランを作成してください（図 2-3）。

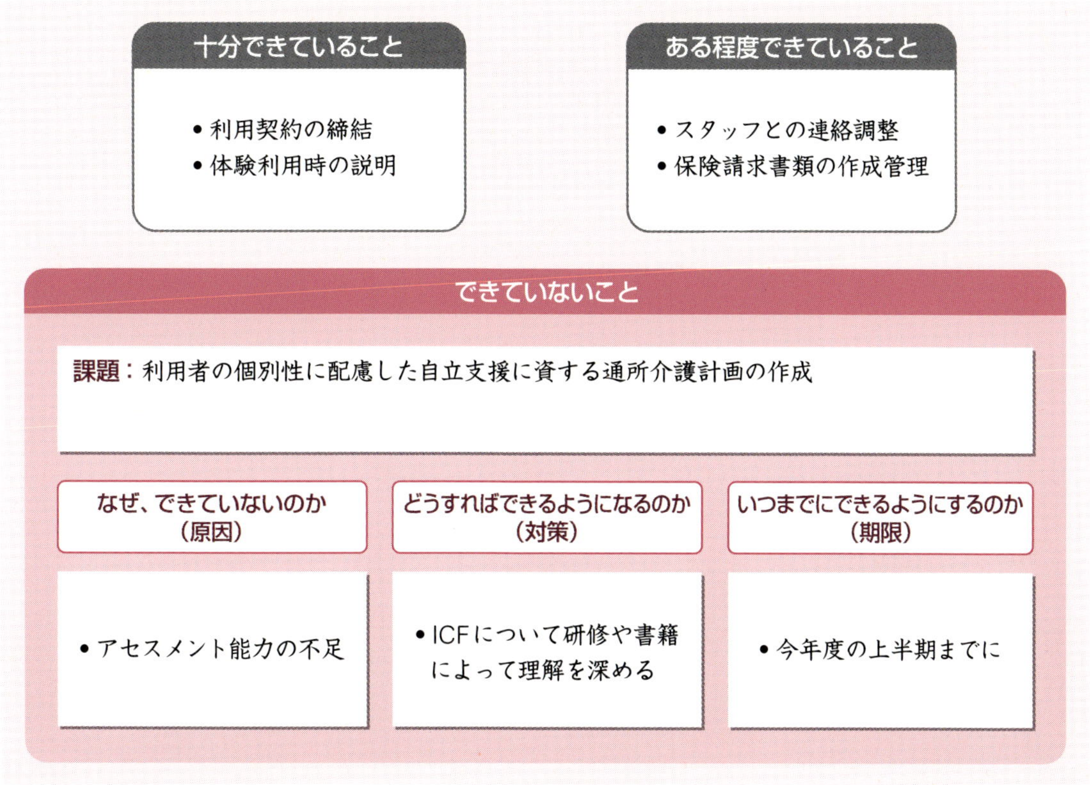

十分できていること
- 利用契約の締結
- 体験利用時の説明

ある程度できていること
- スタッフとの連絡調整
- 保険請求書類の作成管理

できていないこと

課題：利用者の個別性に配慮した自立支援に資する通所介護計画の作成

なぜ、できていないのか（原因）	どうすればできるようになるのか（対策）	いつまでにできるようにするのか（期限）
・アセスメント能力の不足	・ICFについて研修や書籍によって理解を深める	・今年度の上半期までに

図 2-3 ● 仕事の棚卸しの例

❷ 優先順位の決定

棚卸しの結果、単に見逃していた、あるいは先延ばしにしていただけで、今日から改善できることは、すぐ実行してください。

一方、できていないことはわかっても、原因を突き止め、対策を実行するまでに、努力や時間がかかる課題も複数、見つかるでしょう。そこで重要なのが優先順位の決定です。

その点があいまいだと、「やらなければならないのはわかっているけど、いつまでたってもできない」、あるいは、「大事なことが後回しになる」といった言い訳や弊害(へいがい)が生まれます。

● 優先順位を決定する「頻度」と「影響度」

では、何から手を付ければいいのでしょうか。その指標が「頻度」と「影響度」の2つです（図 2-4）。頻度とは、日常的に起こるか、まれにしか起こらないかという視点です。影響度とは、かりにその課題が改善できないとすると、大きなマイナスとなるの

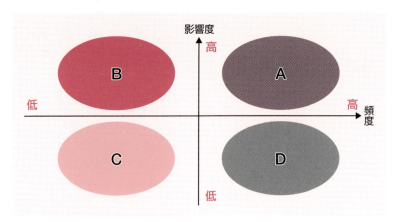

図 2-4 ● 優先順位決定のマトリックス

か、軽微で済むのかという視点です。

影響度が大きく、頻度も高い課題に優先的に取り組むのは、当然だとおわかりでしょうが、次に優先すべきは、

（ア）頻度は高いが、影響度はそれほど高くない課題

（イ）影響度は高いが、頻度はそれほど高くない課題

のどちらなのでしょうか。

正解は、（イ）です。人は、しばしば起こる問題に目が行きがちですが、それがもたらすダメージが大きいものを後回しにしていくと、取り返しのつかない結果をもたらす可能性があります。

原則は、影響度のより大きな問題への対処を優先すべきです。図でいえば、A⇒B⇒D⇒Cという順番で優先順位は決定されます。

●解決の先送りは利用者・事業者双方のマイナスに

たとえば、報告書や日報の記載に時間がかかるという課題への対応は、とりあえず書きあがっているのなら、利用者や事業所、への影響度はそう大きくはありません。それに対して、アセスメントやニーズの抽出に苦手感があるとすれば、利用者満足や事業所の目指すものの達成のマイナス要因につながります。同様に、顧客の安全や安心、事業所の業績にかかわる問題は、たとえ毎日直面する課題ではない場合でも、第一に取り組まなければなりません。そのような課題の解決を先送りすることは、リスクマネジメントの観点からも回避されなければならないものです。

3 事業所の経営面を考える

1 生活相談員、実は利用者獲得の営業マン?

　生活相談員は、事業所の「顔」ともいうべき存在です。デイサービス利用の窓口になるのが、生活相談員だからです。それは、生活相談員が時として「営業マン」と呼ばれる所以でもあります。この呼ばれ方の良しあしは別にして、新規利用者の獲得は、事業の存続と発展のために欠かせないたいへん重要な業務です。生活相談員と管理者が、その担い手の中心となるのは当然でしょう。「営業」という言葉にいわれのない嫌悪感を持つのはいかがなものかと思います。営業は、商品やサービスの「押し売り」という意味ではありません。

　生活相談員の営業活動は、自らの事業所のサービスの特徴を伝え、多くの利用者に使ってもらうための広報活動という位置づけで行動することが基本となります。

　そのためには、事業所の理念や目指す姿を利用者、家族やケアマネジャーにわかりやすく、具体的に伝えることが必要です。自ら事業所を深く理解するとともに、足りない部分、至らない部分を改善していくという姿勢をもってください。「羊頭狗肉を売る」ということにならないためにも、顧客獲得とサービス改善活動は、どちらもゆるがせにできない生活相談員の役割です。

2 稼働率アップは生命線

　どのような事業であれ、利益の源泉は顧客＝利用者にあります。事業の目的は、顧客に利益をもたらすこと＝顧客満足にあるといえます。

　新規顧客の開拓だけでなく、既存顧客にどう対応するかは、生活相談員にとって欠くことのできない大切な業務です。デイサービスにとって顧客とのかかわりは、単にサービスを提供するだけの「1回勝負」ではありません。顧客に何度も何度も、サービスを提供すること、言い換えれば「顧客の生涯価値を最大化する」ことが求められます。

　稼働率を高めることの重要性は言うまでもありませんが、本当に利用者が望んでいるサービスが提供できているかどうかを、改めて問い直してみましょう。

4 介護現場にも積極介入？

生活相談員がケアの現場に入る意義

　生活相談員がケアの現場に入ることは、めずらしいことではありません。先にも引いた、「通所介護のあり方に関する調査研究事業報告書」でも、80％以上の事業所で、生活相談員が利用者のケア全般にかかわっているという調査結果が示されています。

　小規模な事業所では、介護職員の数を補うために、否応なくケアにかかわらざるを得ないという場合もあるでしょう。

　しかし、理由の如何にかかわらず、生活相談員がケアの現場に介入することには意義＊があります。

　介護職員が生活相談員の意図を理解するためには、ミーティングやカンファレンスでの指示や説明は欠かせませんが、相談員自身が、現場の中で身をもって手本を示すことも重要です。

　また、利用者や職員とより深く関係することで信頼を深め、改善目標を設定したり、提示することもできます。さらには、利用者と職員、職員同士のよりよい雰囲気や関係づくりの有効な方法にもなります。

＊生活相談員が現場に介入する意義

❶ 身をもって手本を示す
❷ 利用者を理解し、関係性を深める
❸ 職員や職種間の調整と職場環境づくり

●介護職員のモチベーションを高める環境づくりが大切

　生活相談員が引き出した真のニーズを、介護職員が理解し、対応できなければ、利用者のQOL（Quality of life：生活の質）は向上できません。そのためには、介護現場で、介護職員が意欲をもって日々のケア業務に取り組めるような仕掛けを施すことが必要です。介護職員のモチベーションを高め、楽しく、手応えを感じながらケアに当たれるような環境を整備することが大切です。

5 通所介護計画作成はデイサービスの生命線

1 生活相談員の腕の見せ所──通所介護計画作成

　デイサービスでは、通所介護計画の作成が前提で、サービス提供はその計画に基づいて実施することが法令等で定められています[*1]。計画作成は、管理者の業務に位置付けられています[*2]。しかし、実際の計画の作成は、サービスの提供に関わる従業者が共同して作成し[*3]、そのとりまとめは、計画作成の経験のある者や、介護提供について豊富な知識や経験を有する者が行うとされています[*4]。

　多職種協働の要である生活相談員が、計画作成の中心となることは少なくないでしょう。

　通所介護計画作成までの流れは、以下の通りです（図2-5）。

1 まず、利用者情報を把握する（アセスメント）

　利用者の心身の状況・日常生活全般状況の把握（アセスメント）を行います。

❶ デイサービスに対する利用者の希望の把握（利用者は何を望んでいるのか、何をしてもらいたいのか、サービス利用に対する不安、抵抗感など）
❷ 全体の状況から利用者の隠された可能性の発見
❸ 隠れたニーズの把握
❹ デイサービス利用時の状況（アクティビティへの参加状況、利用者との交流、集団への適応、休憩など）

---

*1 「指定居宅サービス等の事業の人員、設備及び運営に関する基準」平成11年3月31日厚生省令第37号　第98条第1号（95ページ参照）

*2 「指定居宅サービス等の事業の人員、設備及び運営に関する基準」平成11年3月31日厚生省令第37号　第99条第1項（95ページ参照）

*3 「指定居宅サービス等及び指定介護予防サービス等に関する基準について」平成11年9月17日老企第25号　第3の6の3の（3）通所介護計画の作成②（95ページ参照）

*4 「指定居宅サービス等及び指定介護予防サービス等に関する基準について」平成11年9月17日老企第25号　第3の6の3の（3）通所介護計画の作成①（95ページ参照）

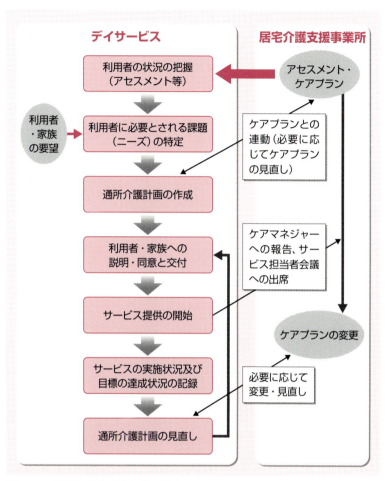

図 2-5 ● 通所介護計画作成の流れ

2 課題を特定する

1のアセスメントに基づき、居宅サービス計画（ケアプラン）や利用者の希望を考慮しながら、デイサービスとしての課題を特定します。

❶ 自立支援という観点から課題を把握
❷ 居宅サービス計画との整合を図りながら、利用者の希望する生活を実現するために、デイサービスとして何を援助し、どのような介護をすべきかを検討

3 通所介護計画の作成

2で特定した課題に優先順位をつけ、解決すべき課題・援助目

標を記載し、その達成に必要なサービス内容を記載します。また、サービス内容の実施状況、具体的な対応方法などが目的にかなっているかについて定期的に評価し、その結果を記入します。

1. 計画は、個々の利用者ごとに作成
2. 課題・援助目標は、居宅サービス計画を参考にしながら、事業所としての目標を設定
3. 目標は抽象的でなく、利用者のニーズを踏まえ、具体的に記載（目標が具体的なものであれば、効果の評価も容易）
4. 居宅サービス計画の課題の具体的内容がわかりにくい場合や、他の課題を発見した場合には、居宅介護支援事業所に確認や提案を行う
5. 定期的に評価を実施し、援助目標の変更が必要かどうかについて検討

2 便利な厚生労働省の様式を活用しよう

2015年度の介護報酬改定に伴って、厚生労働省は、「興味・関心チェックシート」「居宅訪問チェックシート」「個別機能訓練計画書」「通所介護計画書」（表2-3〜表2-6）の参考様式を提示しました*。

これは、通所介護の基本方針に「生活機能の維持又は向上を目指し」という文言が加わったことにも見られるように、デイサービスの機能訓練を、「住み慣れた地域で在宅生活を継続することができるための、生活機能の維持・向上を目指す」と意義づけたためです。

*「通所介護及び短期入所生活介護における個別機能訓練加算に関する事務処理手順例及び様式例の提示について」（平成27年3月27日老振発0327第2号厚生労働省老健局振興課長通知）

> **（基本方針）**
> 第92条
> 　指定居宅サービスに該当する通所介護（以下「指定通所介護」という。）の事業は、要介護状態となった場合においても、その利用者が可能な限りその居宅において、その有する能力に応じ自立した日常生活を営むことができるよう<u>生活機能の維持又は向上を目指し</u>、必要な日常生活上の世話及び機能訓練を行うことにより、利用者の社会的孤立感の解消及び心身の

機能の維持並びに利用者の家族の身体的及び精神的負担の軽減を図るものでなければならない。

(指定居宅サービス等の事業の人員、設備及び運営に関する基準
平成11年3月31日厚生省令第37号)

　これらはすべて、様式例ですから、事業所で使用するかどうかは任意です。しかし、今回改正された、個別機能訓練加算を適切に実行するために、通所介護計画と個別機能訓練計画書の整合性を保つという観点から作成されている様式例ですから、活用の余地は大きいと思われます。また、「興味・関心チェックシート」と「居宅訪問チェックシート」は、先に述べた、通所介護計画の作成に欠かせない、利用者のアセスメント、ニーズの把握のための便利なツールとなります。

　なお、生活機能の維持・向上と個別機能訓練の関係については、第1章の2節「2015年度介護報酬改定の意図を読みとろう」を参照してください。

表2-3 ●「興味・関心チェックシート」様式例

生活行為	している	してみたい	興味がある	生活行為	している	してみたい	興味がある
自分でトイレへ行く				生涯学習・歴史			
一人でお風呂に入る				読書			
自分で服を着る				俳句			
自分で食べる				書道・習字			
歯磨きをする				絵を描く・絵手紙			
身だしなみを整える				パソコン・ワープロ			
好きなときに眠る				写真			
掃除・整理整頓				映画・観劇・演奏会			
料理を作る				お茶・お花			
買い物				歌を歌う・カラオケ			
家や庭の手入れ・世話				音楽を聴く・楽器演奏			
洗濯・洗濯物たたみ				将棋・囲碁・麻雀・ゲーム等			
自転車・車の運転				体操・運動			
電車・バスでの外出				散歩			
孫・子供の世話				ゴルフ・グラウンドゴルフ・水泳・テニスなどのスポーツ			
動物の世話				ダンス・踊り			
友達とおしゃべり・遊ぶ				野球・相撲等観戦			
家族・親戚との団らん				競馬・競輪・競艇・パチンコ			
デート・異性との交流				編み物			
居酒屋に行く				針仕事			
ボランティア				畑仕事			
地域活動(町内会・老人クラブ)				賃金を伴う仕事			
お参り・宗教活動				旅行・温泉			
その他( )				その他( )			
その他( )				その他( )			

表2-4 ●「居宅訪問チェックシート」様式例

利用者氏名　　　　　　　生年月日　　年　月　日　男・女
訪問日　平成　年　月　日(　)　：　～　：　　要介護度
訪問スタッフ　　　　　　　　　　　　職種

	項目	レベル	課題	環境(実施場所・補助具等)	状況・生活課題
ADL	食事	●自立 ●見守り ●一部介助 ●全介助	有・無		
	排泄	●自立 ●見守り ●一部介助 ●全介助	有・無		
	入浴	●自立 ●見守り ●一部介助 ●全介助	有・無		
	更衣	●自立 ●見守り ●一部介助 ●全介助	有・無		
	整容	●自立 ●見守り ●一部介助 ●全介助	有・無		
	移乗	●自立 ●見守り ●一部介助 ●全介助	有・無		
IADL	屋内移動	●自立 ●見守り ●一部介助 ●全介助	有・無		
	屋外移動	●自立 ●見守り ●一部介助 ●全介助	有・無		
	階段昇降	●自立 ●見守り ●一部介助 ●全介助	有・無		
	調理	●自立 ●見守り ●一部介助 ●全介助	有・無		
	洗濯	●自立 ●見守り ●一部介助 ●全介助	有・無		
	掃除	●自立 ●見守り ●一部介助 ●全介助	有・無		
	項目	レベル	課題	状況・生活課題	
起居動作	起き上がり	●自立 ●見守り ●一部介助 ●全介助	有・無		
	座位	●自立 ●見守り ●一部介助 ●全介助	有・無		
	立ち上がり	●自立 ●見守り ●一部介助 ●全介助	有・無		
	立位	●自立 ●見守り ●一部介助 ●全介助	有・無		

表2-5 ●「個別機能訓練計画書」様式例

作成日：平成　年　月　日	前回作成日：平成　年　月　日		計画作成者：				
ふりがな	性別	大正　／　昭和	介護認定	管理者	看護	介護	機能訓練	相談員
氏名		年　月　日生　　歳						

本人の希望	家族の希望	障害老人の日常生活自立度 正常　J1　J2　A1　A2　B1　B2　C1　C2
		認知症老人の日常生活自立度 正常　Ⅰ　Ⅱa　Ⅱb　Ⅲa　Ⅲb　Ⅳ　M
病名、合併症（心疾患、呼吸器疾患等）	生活課題	在宅環境（生活課題に関連する在宅環境課題）
運動時のリスク（血圧、不整脈、呼吸等）		

個別機能訓練加算Ⅰ

長期目標：　年　月		目標達成度	達成・一部・未達
短期目標：　年　月		目標達成度	達成・一部・未達

プログラム内容	留意点	頻度	時間	主な実施者
①				
②				
③				

プログラム立案者：

個別機能訓練加算Ⅱ

長期目標：　年　月		目標達成度	達成・一部・未達
短期目標：　年　月		目標達成度	達成・一部・未達

プログラム内容（何を目的に（〜のために）〜する）	留意点	頻度	時間	主な実施者
①				
②				
③				
④				

（注）目的を達成するための具体的内容を記載する。（例：買い物に行けるようになるために、屋外歩行を練習するなどを記載。）　プログラム立案者：

特記事項	プログラム実施後の変化（総括）　再評価日：平成　年　月　日

上記計画の内容について説明を受けました。 　　　　　　　　平成　年　月　日 ご本人氏名：　　　　　　　　　　印 ご家族氏名：　　　　　　　　　　印	上記計画書に基づきサービスの説明を行い 内容に同意頂きましたので、ご報告申し上げます。 　　　　　　　　　　　　平成　年　月　日 介護支援専門員様／事業所様

通所介護○○○　〒000-0000　住所：○○県○○市○○ 00-00　　管理者：
事業所No.000000000　　Tel.000-000-0000／Fax.000-000-0000　　説明者：

表 2-6 ● 「通所介護計画書」様式例

作成日：平成　年　月　日	前回作成日：平成　年　月　日	計画作成者：				
ふりがな	性別	大正　／　昭和	介護認定	管理者　看護　介護　機能訓練　相談員		
氏名		年　月　日生　歳				
通所介護利用までの経緯（活動歴や病歴）	本人の希望		障害老人の日常生活自立度　正常　J1　J2　A1　A2　B1　B2　C1　C2			
	家族の希望		認知症老人の日常生活自立度　正常　Ⅰ　Ⅱa　Ⅱb　Ⅲa　Ⅲb　Ⅳ　M			
健康状態（病名、合併症（心疾患、呼吸器疾患等）、服薬状況等）	ケアの上での医学的リスク（血圧、転倒、嚥下障害等）・留意事項					
自宅での活動・参加の状況（役割など）						

利用目標

長期目標	設定日　年　月　達成予定日　年　月		目標達成度	達成・一部・未達
短期目標	設定日　年　月　達成予定日　年　月		目標達成度	達成・一部・未達

サービス提供内容

	目的とケアの提供方針・内容	評価 実施	評価 達成	効果、満足度など	迎え（有・無）
①	月　日　～　月　日	実施／一部未実施	達成／一部未実施		プログラム（1日の流れ）（予定時間）（サービス内容）
②	月　日　～　月　日	実施／一部未実施	達成／一部未実施		
③	月　日　～　月　日	実施／一部未実施	達成／一部未実施		
④	月　日　～　月　日	実施／一部未実施	達成／一部未実施		
⑤	月　日　～　月　日	実施／一部未実施	達成／一部未実施		送り（有・無）

特記事項	実施後の変化（総括）　再評価日：平成　年　月　日
上記計画の内容について説明を受けました。　平成　年　月　日　ご本人氏名：　　印　ご家族氏名：　　印	上記計画書に基づきサービスの説明を行い内容に同意頂きましたので、ご報告申し上げます。　平成　年　月　日　介護支援専門員様/事業所様

通所介護 ○○○　〒000-0000　住所：○○県○○市○○ 00-00　　管理者：
事業所No.000000000　Tel.000-000-0000 / Fax.000-000-0000　　説明者：

6 全人的な観点から捉える相談援助が不可欠

● 生活相談員としての役割を明確に

　利用者に対するソーシャルワークは、生活相談員の本来業務ともいわれます。対人援助の専門家として、大きなやりがいを感じている生活相談員も多いと思います。しかし、利用者との直接のかかわりという点からすれば、一般の介護職員のほうが時間的にも長いはずです。生活相談員として他の職員とは異なったスタンスや役割が必要だということを理解しておきましょう。

● 利用者の生活ニーズを的確に把握する

　生活ニーズは、利用者の身体機能に加え、精神構造や社会環境が相互に関連して形成されるものです。ですから、身体の機能や状況が同じに見える2人の利用者がいたとしても、その精神構造や社会環境が異なっていれば、各々がまったく違う生活ニーズが生じるということです。
　精神構造、社会環境を切り離してみるのではなく、相互に関連したものと捉えると、利用者の抱える問題は、生活上のさまざまな要因がからみあって形成されていることがわかります。

●「主観的事実」はその人にとっての「真実」

　この観点に加えて、大切なことは、利用者の生活ニーズを特定するには、利用者の思いや希望をしっかり確認しておくことです。言葉を変えれば、実際に起こったこと、つまり客観的な事実だけでなく、利用者が感じていること、考えていること（主観的な事実）をしっかり把握するということです。主観的事実である利用

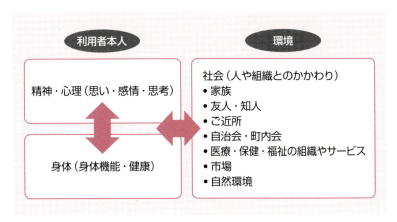

図 2-6 ● 生活ニーズの構造

者の思いは、他の人からはどう見えようと、その人にとっては真実なのです。

このように、生活ニーズは、個々ではなく全体を見て、利用者本人の精神・心理と身体そして環境との関係性から捉えていくことが大切です（図 2-6）。

地域との連携・調整も重要な役割

生活相談員が相談援助という仕事を考える際に、利用者本人と家族への支援に加え、地域という観点が大切になってきます。ソーシャルワークの専門職としての生活相談員には、事業所と地域をつなぐネットワークのハブ（拠点）という固有の役割があります（図 2-7）。

それは、利用者の家族や関係機関・団体と連絡窓口という位置にとどまるものではありません。地域の資源に目を向け、その把握に努めるとともに、必要な資源が不足している場合には、自ら開発するという、より積極的な姿勢と活動が必要になります。

「それはケアマネジャーの役割ではないか」と感じられるかもしれませんが、「生活相談員の専従要件の緩和」という形で、これが生活相談員の大切な役割として位置付けられたことは、すでに第 1 章で述べました。

支援を必要としている人が、自らの生活の質を高め、24 時間 365 日、自らの望む在宅での生活を継続していくためには、事業所の内外を問わず、「全人的な観点から捉えていく」という視

点からの相談援助が欠かせません。
　生活相談員は地域包括ケアシステム構築と実践のための貴重なプレイヤーだという自覚をぜひもってください。

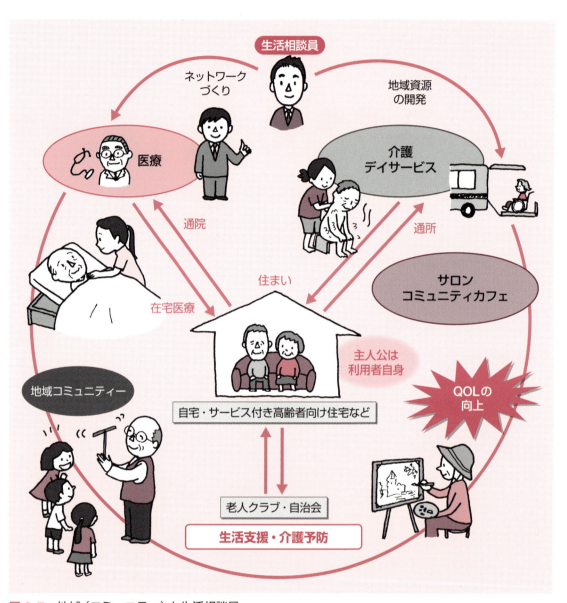

図2-7 ● 地域（コミュニティ）と生活相談員

3章 ここまで必要！——生活相談員に必須のスキル

3章 ここまで必要！──生活相談員に必須のスキル

1 何だそうだったのか！
──誰も知らない法令の読み方

1 利用者・事業所双方の利益になる法令の知識

　当たり前のことですが、デイサービスは介護保険制度に基づいた事業です。

　基本法令である介護保険法をはじめ、各種の法令や通知などに則った事業運営ができなければ、指導や勧告から報酬返還、はては指定取り消しというペナルティまで受けることもあります。逆に、法令等を熟知している、さらには改正の意味や内容を先取りする力があれば、事業や利用者に、大きな利益をもたらすことができます。

　生活相談員にとって、法令等の理解は欠かせないスキルと言えます。にもかかわらず、苦手意識を持っている生活相談員が少なくありません。

　ここでは、生活相談員が知っていなければならない法令等の基本的な知識と、実務に役立つ活用方法をお教えします。

2 法令って何だろう？

　法令という語は、一般には法律（国会が制定する法規範）と命令（国の行政機関が制定する法規範）を合わせて呼ぶ法用語とされています。しかし、実務においては、法律と命令のほか、地方自治体の定める条例や規則、最高裁判所規則、訓令などを含めて「法令」と呼ぶこともあります。

　日本の法令には、種類ごとに優劣関係があります。上位の法令が優先され、上位の法令に反する下位の法令は効力を持ちません。

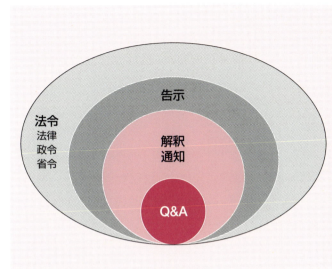

図 3-1 ● 介護保険関係法令等の構造

優劣関係は、おおむね次のようになっています。

憲法＞条約＞法律＞政令＞省令・規則

　法令ではありませんが、法令の解釈の参考にされるものに、告示や通知（通達）があります（図3-1）。

　以下、この本では、煩雑さを避けるため、便宜的に「法令」という用語を告示や通知などの行政文書を含んだものとして使用していきます。

3　介護事業に必要な基本法令

　介護事業においての「介護保険法[*1]」、社会福祉事業における「社会福祉法[*2]」などの基本法令が重要であることはいうまでもありません。これらの法令の意義や目的、内容は介護事業に携わる者である限り、しっかり理解・把握をしておかなければなりません。

　けれども、日々の実務においては、これら基本法令に立ち返って確認しなければならない事態が、それほど頻繁に起こることはありません。生活相談員がもっとも頻繁に確認する法令は、介護報酬に関するもの、あるいは人員、運営などの基準に関するものです。

*1 「介護保険法」平成9年12月17日法律第123号（**95ページ参照**）

*2 「社会福祉法」昭和26年3月29日法律第45号（**95ページ参照**）

4 覚えておくべき基本の法令

告示19号、老企36号、省令37号

　生活相談員たるもの、たとえば「告示19号」といわれたら、居宅介護サービスの報酬告示である「指定居宅サービスに要する費用の額の算定に関する基準」（平成12年厚生省告示第19号）だと即座に理解できるぐらい、使いこなせるようにはなってほしいと思います。

　同じように、「老企36号」は、その解釈通知（「指定居宅サービスに要する費用の額の算定に関する基準（訪問通所サービス、居宅療養管理指導及び福祉用具貸与に係る部分）及び指定居宅介

表 3-1 ● 通所介護の報酬にかかわる主な告示・解釈通知・Q&A

報酬告示	解釈通知	別告	Q&A
指定居宅サービスに要する費用の額の算定に関する基準（平成12年厚生省告示第19号）	指定居宅サービスに要する費用の額の算定に関する基準（訪問通所サービス、居宅療養管理指導及び福祉用具貸与に係る部分）及び指定居宅介護支援に要する費用の額の算定に関する基準の制定に伴う実施上の留意事項について（平成12年老企第36号 厚生省老人保健福祉局企画課長通知）	・厚生労働大臣が定める一単位の単価（平成27年厚生労働省告示第93号）	・平成27年度介護報酬改定に関するQ&A vol.1（平成27年4月1日）
指定介護予防サービスに要する費用の額の算定に関する基準（平成18年厚生労働省告示第127号）	指定介護予防サービスに要する費用の額の算定に関する基準の制定に伴う実施上の留意事項について（平成18年3月17日老計発第0317001号　老振発第0317001号　老老発第0317001号　厚生労働省老健局計画課長、振興課長、老人保健課長連名通知）	・厚生労働大臣が定める基準に適合する利用者等（平成27年厚生労働省告示第94号）	・平成27年度介護報酬改定に関するQ&A vol.2（平成27年4月30日）
指定地域密着型サービスに要する費用の額の算定に関する基準（平成18年厚生労働省告示第126号）	指定地域密着型サービスに要する費用の額の算定に関する基準及び指定地域密着型介護予防サービスに要する費用の額の算定に関する基準の制定に伴う実施上の留意事項について（平成18年3月31日老計発第0331005号　老振発第0331005号　老老発第0331018号　厚生労働省老健局計画課長、振興課長、老人保健課長連名通知）	・厚生労働大臣が定める基準（平成27年厚生労働省告示第95号）	・平成27年度介護報酬改定に関するQ&A vol.3（平成27年6月1日）
指定地域密着型介護予防サービスに要する費用の額の算定に関する基準（平成18年厚生労働省告示第128号）		・厚生労働大臣が定める施設基準（平成27年厚生労働省告示第96号）	

護支援に要する費用の額の算定に関する基準の制定に伴う実施上の留意事項について」（平成 12 年 3 月 1 日老企第 36 号　厚生省老人保健福祉局企画課長通知））、また「省令 37 号」は、居宅サービスの基準省令（「指定居宅サービス等の事業の人員、設備及び運営に関する基準」（平成 11 年 3 月 31 日厚生省令第 37 号））を指しているということも頭に入れておく必要があります（表 3-1、3-2）。

5　法令を読みとる順序

　先に「法令には優劣がある」と述べましたが、読みとり方にも順序があります。報酬算定のルールについて理解しようと思ったら、まず告示を読んでください。次に、その告示の中に「別に厚生労働大臣が定める○○」という記述があったら、「別告」（別途告示）と呼ばれる他のいくつかの告示で、その内容を確認してください。その後で、解釈通知を読んで詳細や具体的な運用方法を理解し、最後に Q&A で補足されている部分はないか、確認を行ってください。上位に位置する、つまり優先される法令から確認・理解していくのが大原則です。

　ところが、中には、この面倒な手順を省きたいのか、あるいは

表 3-2 ● 通所介護の基準にかかわる主な省令・解釈通知

基準省令	解釈通知
指定居宅サービス等の事業の人員、設備及び運営に関する基準 （平成 11 年厚生省令第 37 号）	指定居宅サービス等及び指定介護予防サービス等に関する基準について （平成 11 年 9 月 17 日老企第 25 号厚生省老人保健福祉局企画課長通知）
指定介護予防サービス等の事業の人員、設備及び運営並びに指定介護予防サービス等に係る介護予防のための効果的な支援の方法に関する基準 （平成 18 年厚生労働省令第 35 号）	
指定地域密着型サービスの事業の人員、設備及び運営に関する基準 （平成 18 年厚生労働省令第 34 号）	指定地域密着型サービス及び指定地域密着型介護予防サービスに関する基準について （平成 18 年 3 月 31 日老計発第 0331004 号・老振発第 0331004 号・老老発第 0331017 号厚生労働省老健局計画・振興・老人保健課長連名通知）
指定地域密着型介護予防サービスの事業の人員、設備及び運営並びに指定地域密着型介護予防サービスに係る介護予防のための効果的な支援の方法に関する基準 （平成 18 年厚生労働省令第 36 号）	

知らないのか、Q&Aだけで報酬を算定しようとする生活相談員が見受けられます。このような誤った方法でルールを確認し、わかったつもりになると、漏れやミスが生じることになります（52ページ参照）。

6 「認知症加算」を読み解いてみよう

2015年度の介護報酬改定で新たに設けられた「認知症加算」を例にとって説明してみます。50ページの表3-3 矢印(a)〜(g)を参照しながら読んでみてください。

基本となるのが「告示19号」です。この告示は、「別表」と表記された「指定居宅サービス介護給付費単位数表」が、大部分を占めています。1の「訪問介護費」から始まり、「通所介護費」はその「6」です。

今回の改正（平成12年厚生省告示第19号が、平成27年厚生労働省告示第74号の「指定居宅サービスに要する費用の額の算定に関する基準の一部を改正する件」という告示によって、一部改正されているのです）で新たに設けられた認知症加算は、「注9」に次のように記載されています。

> 注9　イからニまでについて、別に厚生労働大臣が定める基準に適合しているものとして都道府県知事に届け出た指定通所介護事業所❶において、別に厚生労働大臣が定める利用者❷に対して指定通所介護を行った場合は、認知症加算として、1日につき60単位を所定単位数に加算する。
> （平成27年厚生労働省告示第74号によって改正された平成12年厚生省告示第19号）

「イからニ」というのは、「イ　小規模型通所介護費」から「ニ　大規模型通所介護費（Ⅱ）」まで、基本サービス費が示されている部分です。つまり、通所介護事業所の介護費という意味です。

そのあとを読むと、認知症加算を算定するためには、

❶「別に厚生労働大臣が定める基準に適合している」通所介護事業所であること

❷「別に厚生労働大臣が定める利用者に対して」サービスを実施すること

という2つの要件を満たす必要がある、と記載されていますが、その具体的な要件は、「告示19号」には示されていません。

告示19号を読み解くための別告「告示95号」

❶について記載されているのが、「別告」の一つである「厚生労働大臣が定める基準」（平成27年厚生労働省告示第95号）です。

この別告の、「17」に「通所介護費における認知症加算の基準」が次のように記載されています（表3-3 矢印a）。

> 17 通所介護費における認知症加算の基準
> 次に掲げる基準のいずれにも適合すること。
> イ 指定居宅サービス等基準第93条第1項第2号又は第3号に規定する看護職員又は介護職員の員数に加え、看護職員又は介護職員を常勤換算方法で2以上確保していること。
> ロ 指定通所介護事業所における前年度又は算定日が属する月の前3月間の利用者の総数のうち、日常生活に支障を来すおそれのある症状又は行動が認められることから介護を必要とする認知症の者の占める割合が100分の20以上であること。
> ハ 指定通所介護を行う時間帯を通じて、専ら当該指定通所介護の提供に当たる認知症介護の指導に係る専門的な研修、認知症介護に係る専門的な研修、認知症介護に係る実践的な研修等を修了した者を1名以上配置していること。
>
> （平成27年厚生労働省告示第95号）

したがって、認知症加算を算定するには、イに示された「看護職員又は介護職員を常勤換算で2人以上加配する」という「体制要件」と、ロの「日常生活に支障を来すため介護を必要とする認知症の利用者の割合が2割以上」という「利用者要件」を満たすことが求められていることが、ここではじめて明らかになります。

ところが、ハの「専ら当該指定通所介護の提供に当たる認知症介護の指導に係る専門的な研修、認知症介護に係る専門的な研修、認知症介護に係る実践的な研修等を修了した者」がどのような職員であるかは、この別告だけではわかりません。これについて説明しているのが、「解釈通知」の「老企36号」です。

「解釈通知」老企36号を調べる

　この解釈通知の「第2」の「居宅サービス単位数表に関する事項」の「7」が、「通所介護費」についての説明です。認知症加算は「(10)」に記載があり、「④」を読めば、「認知症介護の指導に係る専門的な研修」とは、「認知症介護指導者研修」を指していることがわかります（矢印b）。

　同じように、「⑤」で「認知症介護に係る専門的な研修」は、「認知症介護実践リーダー研修」を、「⑥」で「認知症介護に係る実践的な研修」が、「認知症介護実践者研修」を指していることが理解できます（矢印c、d）。

告示94号も必要に

　次に、❷（「告示19号」の注9の「別に厚生労働大臣が定める利用者」）については、「厚生労働大臣が定める基準に適合する利用者等」（厚生労働省告示第94号）を読む必要があります（矢印e）。

　この別告の「16」には、「指定居宅サービス介護給付費単位数表の通所介護費の注9の厚生労働大臣が定める利用者」として「日常生活に支障を来すおそれのある症状又は行動が認められることから介護を必要とする認知症の者」と記されています。

　この利用者の内容を理解するには、先に❶でも参照した「解釈通知」の「老企36号」の「第2　居宅サービス単位数表に関する事項」の「7　通所介護費」の「(10) 認知症加算について」を見る必要があります（矢印f）。

　その「②」には、「日常生活に支障を来すおそれのある症状又は行動が認められることから介護を必要とする認知症の者」とは、「日常生活自立度のランクⅢ、Ⅳ又はMに該当する者を指すものとし、これらの者の割合については、前年度（3月を除く。）又は届出日の属する月の前3月の1月当たりの実績の平均について、利用実人員数又は利用延人員数を用いて算定するものとし、要支援者に関しては人員数には含めない。」とあります。

Q&Aも活用しよう

　さらに、みなさんが、この解釈通知の「日常生活自立度」は何

をもって確認すればいいのか、疑問を抱いたときに役に立つのがQ&Aです。

「平成27年度介護報酬改定に関するQ&A vol.1」（平成27年4月1日）の「問32」は「認知症高齢者の日常生活自立度の確認方法如何。」という質問です（矢印g）。

回答は次のようになっています。

> **＊介護報酬改定に関するQ&A**
>
> 報酬改定に関する質疑だけでなく、「人員、設備及び運営に関する基準」の改正事項についての質疑も含まれる。

（答）
1. 認知症高齢者の日常生活自立度の決定に当たっては、医師の判定結果又は主治医意見書を用いて、居宅サービス計画又は各サービスの計画に記載することとなる。
   なお、複数の判定結果がある場合には、最も新しい判定を用いる。
2. 医師の判定が無い場合は、「要介護認定等の実施について」に基づき、認定調査員が記入した同通知中「2(4)認定調査員」に規定する「認定調査票」の「認定調査票（基本調査）」7の「認知症高齢者の日常生活自立度」欄の記載を用いるものとする。
3. これらについて、介護支援専門員はサービス担当者会議などを通じて、認知症高齢者の日常生活自立度も含めて情報を共有することとなる。

（注）指定居宅サービスに要する費用の額の算定に関する基準（訪問通所サービス、居宅療養管理指導及び福祉用具貸与に係る部分）及び指定居宅介護支援に要する費用の額の算定に関する基準の制定に伴う実施上の留意事項について（平成12年3月1日老企第36号厚生省老人保健福祉局企画課長通知）第2 1(7)「「認知症高齢者の日常生活自立度」の決定方法について」の記載を確認すること。

しかし、みなさんが、このQ&Aを見逃しても「日常生活自立度」の確認方法で迷うことはありません。このQ&Aの「（注）」にある「老企36号」の第2の1の(7)「認知症高齢者の日常生活自立度」の決定方法について」には、同じ内容が示されているからです。

このように、日頃から法令の構造や相互関係を意識しながら親しんでいけば、生活相談員にとって、かけがえのないスキルとなるのは間違いありません。

表 3-3 ● 報酬算定にかかわる告示・解釈通知・Q&A：認知症加算の例

報酬告示	別告	
指定居宅サービスに要する費用の額の算定に関する基準（平成 12 年厚生省告示第 19 号）	厚生労働大臣が定める基準（平成 27 年厚生労働省告示第 95 号）	厚生労働大臣が定める基準に適合する利用者等（平成 27 年厚生労働省告示第 94 号）
別表 指定居宅サービス介護給付費単位数表　(a) 6　通所介護費 注 9　イからニまでについて、**別に厚生労働大臣が定める基準**に適合しているものとして都道府県知事に届け出た指定通所介護事業所において、**別に厚生労働大臣が定める利用者**に対して指定通所介護を行った場合は、認知症加算として、1 日につき 60 単位を所定単位数に加算する。	17　通所介護費における認知症加算の基準 次に掲げる基準のいずれにも適合すること。　(e) イ　指定居宅サービス等基準第 93 条第 1 項第 2 号又は第 3 号に規定する看護職員又は介護職員の員数に加え、看護職員又は介護職員を常勤換算方法で 2 以上確保していること。 ロ　指定通所介護事業所における前年度又は算定日が属する月の前 3 月間の利用者の総数のうち、日常生活に支障を来すおそれのある症状又は行動が認められることから介護を必要とする認知症の者の占める割合が 100 分の 20 以上であること。 ハ　指定通所介護を行う時間帯を通じて、専ら当該指定通所介護の提供に当たる**認知症介護の指導に係る専門的な研修、認知症介護に係る専門的な研修、認知症介護に係る実践的な研修**等を修了した者を 1 名以上配置していること。	16　指定居宅サービス介護給付費単位数表の通所介護費の注 9 の厚生労働大臣が定める利用者 **日常生活に支障を来すおそれのある症状又は行動が認められることから介護を必要とする認知症の者** (f) (b) (c) (d)

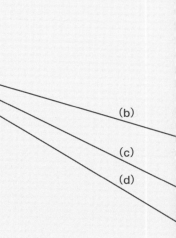

解釈通知	Q&A
指定居宅サービスに要する費用の額の算定に関する基準(訪問通所サービス、居宅療養管理指導及び福祉用具貸与に係る部分)及び指定居宅介護支援に要する費用の額の算定に関する基準の制定に伴う実施上の留意事項について(平成12年3月1日老企第36号厚生省老人保健福祉局企画課長通知)	平成27年度介護報酬改定に関するQ&A vol.1(平成27年4月1日)

解釈通知

第2 居宅サービス単位数表(訪問介護費から通所リハビリテーション費まで及び福祉用具貸与費に係る部分に限る。)に関する事項
1 通則
(7)「認知症高齢者の日常生活自立度」の決定方法について
① 加算の算定要件として「「認知症高齢者の日常生活自立度判定基準」の活用について」(平成5年10月26日老健第135号厚生省老人保健福祉局長通知)に規定する「認知症高齢者の日常生活自立度」(以下「日常生活自立度」という。)を用いる場合の日常生活自立度の決定に当たっては、医師の判定結果又は主治医意見書(以下この号において「判定結果」という。)を用いるものとする。
② ①の判定結果は、判定した医師名、判定日と共に、居宅サービス計画又は各サービスのサービス計画に記載するものとする。また、主治医意見書とは、「要介護認定等の実施について」(平成21年9月30日老老発0930第5号厚生労働省老健局長通知)に基づき、主治医が記載した同通知中「3 主治医の意見の聴取」に規定する「主治医意見書」中「3.心身の状態に関する意見 (1)日常生活の自立度等について・認知症高齢者の日常生活自立度」欄の記載をいうものとする。なお、複数の判定結果がある場合にあっては、最も新しい判定を用いるものとする。
③ 医師の判定が無い場合(主治医意見書を用いることについて同意が得られていない場合を含む。)にあっては、「要介護認定等の実施について」に基づき、認定調査員が記入した同通知中「2 (4)認定調査員」に規定する「認定調査票」の「認定調査票(基本調査)」7の「認知症高齢者の日常生活自立度」欄の記載を用いるものとする。

7 通所介護費
(f) (10) 認知症加算について (g)
① 常勤換算方法による職員数の算定方法は、(8)①を参照のこと。
② 「日常生活に支障を来すおそれのある症状又は行動が認められることから介護を必要とする認知症の者」とは、日常生活自立度のランクⅢ、Ⅳ又はMに該当する者を指すものとし、これらの者の割合については、前年度(3月を除く。)又は届出日の属する月の前3月の1月当たりの実績の平均について、利用実人員数又は利用延人員数を用いて算定するものとし、要支援者に関しては人員数には含めない。
(b) ③ 利用実人員数又は利用延人員数の割合の計算方法は、(8)③を参照のこと。
④ 「認知症介護の指導に係る専門的な研修」とは、「認知症介護実践者等養成事業の実施について」(平成18年3月31日老発第0331010号厚生労働省老健局長通知)及び「認知症介護実践者等養成事業の円滑な運営について」(平成18年3月31日老計第0331007号厚生労働省計画課長通知)に規定する「認知症介護指導者研修」を指すものとする。
(c) ⑤ 「認知症介護に係る専門的な研修」とは、「認知症介護実践者等養成事業の実施について」及び「認知症介護実践者等養成事業の円滑な運営について」に規定する「認知症介護実践リーダー研修」を指すものとする。
(d) ⑥ 「認知症介護に係る実践的な研修」とは、「認知症介護実践者等養成事業の実施について」及び「認知症介護実践者等養成事業の円滑な運営について」に規定する「認知症介護実践者研修」を指すものとする。
⑦ 認知症介護指導者研修、認知症介護実践リーダー研修、認知症介護実践者研修の修了者は、指定通所介護を行う時間帯を通じて1名以上配置する必要がある。
⑧ 認知症加算については、日常生活自立度のランクⅢ、Ⅳ又はMに該当する者に対して算定することができる。また、注7の中重度者ケア体制加算の算定要件も満たす場合は、認知症加算の算定とともに中重度者ケア体制加算も算定できる。
⑨ 認知症加算を算定している事業所にあっては、認知症の症状の進行の緩和に資するケアを計画的に実施するプログラムを作成することとする。

Q&A

○認知症加算について
問32 認知症高齢者の日常生活自立度の確認方法如何。
(答)
1 認知症高齢者の日常生活自立度の決定に当たっては、医師の判定結果又は主治医意見書を用いて、居宅サービス計画又は各サービスの計画に記載することとなる。なお、複数の判定結果がある場合には、最も新しい判定を用いる。
2 医師の判定が無い場合は、「要介護認定等の実施について」に基づき、認定調査員が記入した同通知中「2 (4)認定調査員」に規定する「認定調査票」の「認定調査票(基本調査)」7の「認知症高齢者の日常生活自立度」欄の記載を用いるものとする。
3 これらについて、介護支援専門員はサービス担当者会議などを通じて、認知症高齢者の日常生活自立度も含めて情報を共有することとなる。
(注)指定居宅サービスに要する費用の額の算定に関する基準(訪問通所サービス、居宅療養管理指導及び福祉用具貸与に係る部分)及び指定居宅介護支援に要する費用の額の算定に関する基準の制定に伴う実施上の留意事項について(平成12年3月1日老企第36号厚生省老人保健福祉局企画課長通知)第2 1(7)「「認知症高齢者の日常生活自立度」の決定方法について」の記載を確認すること。

7　Q&Aだけを読んで済ますことの落とし穴

「平成27年度介護報酬改定に関するQ&A vol.1」（平成27年4月1日）に、「中重度者ケア体制加算について」というタイトルで、以下のようなQ&Aが掲載されました。

> **問37**　加算算定の要件である通所介護を行う時間帯を通じて、専従で配置する看護職員の提供時間帯中の勤務時間は、加配職員として常勤換算員数を算出する際の勤務時間数には含めることができないということでよいか。
> **（答）**
> 　提供時間帯を通じて配置する看護職員は、他の職務との兼務は認められず、加算の要件である加配を行う常勤換算員数を算出する際の勤務時間数に含めることはできない。なお、加算の算定要件となる看護職員とは別に看護職員を配置している場合は、当該看護職員の勤務時間数は常勤換算員数を算出する際の勤務時間数に含めることができる。

　このQ&Aを読んで、「中重度者ケア体制加算に対応する看護職員は、通常の看護職員の配置に入らないので、通常の配置の看護職員に加えて、もう一人、看護職員がいない日は、中重度者ケア体制加算の算定ができない」と解釈する生活相談員がいました。

　このような誤った解釈をしてしまうのは、上位法令である、報酬告示や解釈通知をしっかり読んで理解していないからです。

　まず、報酬告示「告示第19号」の「別表」の「6　通所介護費」の「注7」には、次のような記載があります。

> **注7**　イからニまでについて、別に厚生労働大臣が定める基準に適合しているものとして都道府県知事に届け出た指定通所介護事業所が、中重度の要介護者を受け入れる体制を構築し、指定通所介護を行った場合は、中重度者ケア体制加算として、1日につき45単位を所定単位数に加算する。

　この「別に厚生労働大臣が定める基準」は、「厚生労働大臣が定める基準」（厚生労働省告示第95号）の「15　通所介護費におけ

る中重度者ケア体制加算の基準」を指しています。

> **15 通所介護費における中重度者ケア体制加算の基準**
> 次に掲げる基準のいずれにも適合すること。
> イ　指定居宅サービス等基準第93条第1項第2号又は第3号に規定する看護職員又は介護職員の員数に加え、<u>看護職員又は介護職員を常勤換算方法</u>（指定居宅サービス等基準第2条第7号に規定する常勤換算方法をいう。第17号において同じ。）で<u>2以上確保</u>していること。
> ロ　（省略）
> ハ　指定通所介護を行う時間帯を通じて、<u>専ら当該指定通所介護の提供に当たる看護職員を1名以上配置</u>していること。

　つまり、中重度者ケア体制加算の体制要件は、
イ　看護職員又は介護職員を常勤換算方法で2以上加配すること
ロ　専従の看護職員を1名以上配置すること
の2つです。

　次に、報酬の解釈通知「<u>老企第36号</u>」の「第2　居宅サービス単位数表（訪問介護費から通所リハビリテーション費まで及び福祉用具貸与費に係る部分に限る。）に関する事項」の「7　通所介護費」の「(8) 中重度者ケア体制加算について」には、次のような記載があります。

> **(8) 中重度者ケア体制加算について**
> ①中重度者ケア体制加算は、暦月ごとに、指定居宅サービス等基準第93条第1項に規定する看護職員又は介護職員の員数に加え、看護職員又は介護職員を常勤換算方法で2以上確保する必要がある。このため、常勤換算方法による職員数の算定方法は、暦月ごとの看護職員又は介護職員の勤務延時間数を、当該事業所において常勤の職員が勤務すべき時間数で除することによって算定し、<u>暦月において常勤換算方法で2以上確保</u>していれば加算の要件を満たすこととする。なお、常勤換算方法を計算する際の勤務延時間数については、サービス提供時間前後の延長加算を算定する際に配置する看護職員又は介護職員の勤務時間数は含めないこととし、常勤換算方法による員数につ

いては、小数点第2位以下を切り捨てるものとする。
② (省略)
③ (省略)
④<u>看護職員は、指定通所介護を行う時間帯を通じて1名以上配置</u>する必要があり、他の職務との<u>兼務は認められない</u>。
⑤ (省略)
⑥ (省略)

　この解釈通知の意味は、
①は、中重度者ケア体制加算算定のための加配職員の常勤換算は、日ごとに見るのではなく、暦月で満たせばよい
④は、中重度者ケア体制加算を算定する日に、専従の看護職員がいれば加算できる
ということです。

　Q&Aの問37の「提供時間帯を通じて配置する看護職員は、他の職務との兼務は認められず、加算の要件である加配を行う常勤換算員数を算出する際の勤務時間数に含めることはできない」という記述は、①の加配の場合の常勤換算の方法について述べているだけです。暦月で加配職員の要件を満たしていれば、たとえ看護職員が1名の日であっても、中重度者ケア体制加算は算定できるのです。

　このように解釈を誤ると、加算に対応するため、本来は必要のない看護職員を配置することになり、人件費、コストを押し上げ、利益を損なうことになります。

　安直にQ&Aだけに頼っていると、このような大きなミスを犯すことがあります。この例のような収入やコストにかかわるロスから法令違反、報酬の返還に至るまで、事業所や法人に与える影響は計り知れません。

　しっかり法令相互の関係を理解し、正確な法令解釈に基づいた事業運営を行うのが、"できる"生活相談員の条件です。

2 デイサービスの品質管理
──PDCAサイクルのホントの意味

●PDCAの意味を再確認しよう

　「PDCAサイクル」という言葉は、介護事業の中でも一般化し、現場や研修の場で日常的に使われるようになりました。けれども、この言葉の意味する内容が、正確に理解されているかといえば、必ずしもそうとはいえません。

　生活相談員のスキルアップに欠かせないPDCAの本当の意味を、ここで押さえておきましょう。

　PDCAとは、第二次世界大戦後にアメリカの物理学者ウォルター・シューハートとエドワーズ・デミングにより提唱された理論で、もともとは、主に製造業の生産管理や品質管理などの分野で用いられるようになった概念です。現在は、その範囲がマーケティングや営業にいたるまで、業務一般に広がっています。事業活動の効率を高め、継続的に改善していくため、業務プロセスを管理する手法のことをいいます。

　計画（Plan）⇒実行・実施（Do）⇒確認・評価（Check）⇒対策実行（Action）⇒再計画⇒…というサイクルが続いていき、継続的な改善が行われていきます。それぞれのサイクルを構成する次の4段階の頭文字をとってPDCAサイクルと呼ばれています（図3-2）。

　ケアマネジメントのプロセスにおいては、

インテーク⇒アセスメント⇒プランニング⇒実施⇒モニタリング⇒再アセスメント⇒…

という具合に、基本的な原理として採用されています。

図 3-2 ● PDCA サイクル

デイサービスの業務プロセスも、

アセスメント⇒計画作成⇒サービスの提供⇒評価（モニタリング）⇒課題の把握⇒再計画作成⇒…

という PDCA サイクルによって組み立てられています。

これほど重視されている原理であるにもかかわらず、介護事業のサービス提供やマネジメントにおいては、その意義が徹底されているとはいえません。

① 計画

「Plan」が、第一のプロセスに置かれている意味は重要です。にもかかわらず、利用者を目の前にすると、日々の業務はいや応なしに遂行されなければなりません。そのため、「Do」から始まる、場当たり的な事業プロセスに終始している事業所が少なくないのが現実です。

このプロセスが、おろそかにされがちな最大の要因は、問題の捉え方と、そこから派生する目標設定の甘さにあります。

デイサービスの目的は、「自立支援」にあると法令においても明記されています[*1～*3]。

その目的と現状のギャップが問題です。問題が明確でないのは、

*1 「指定居宅サービス等の事業の人員、設備及び運営に関する基準」平成11年厚生省令第37号第92条（基本方針）

指定居宅サービスに該当する通所介護（以下「指定通所介護」という。）の事業は、要介護状態となった場合においても、その利用者が可能な限りその居宅において、その有する能力に応じ自立した日常生活を営むことができるよう生活機能の維持又は向上を目指し、必要な日常生活上の世話及び機能訓練を行うことにより、利用者の社会的孤立感の解消及び心身の機能の維持並びに利用者の家族の身体的及び精神的負担の軽減を図るものでなければならない。

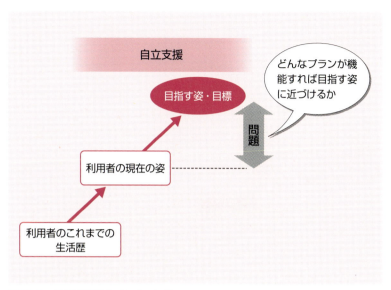

図 3-3 ● 問題明確化のプロセス

❶ 目的、つまり目指す姿があいまい
❷ 現状把握（アセスメント）が不十分
❸ ❶と❷の双方ができていない

のいずれかです。

問題が明確でなければ、適切な目標が設定できず、自立支援に資する通所介護計画や個別機能訓練計画が立案できないのは、当然です（図 3-3）。

② **実行**

立てた計画に基づいて具体的に実行、つまりサービスを実施します。しかし、この段階においても、漫然と計画通りにサービス提供を行うだけではいけません。阻害要因があれば除去しながら、またスケジュールに変更が生じれば、計画を修正しながら進めていきます。常に目標の達成状況をチェックし、実行中に生じたトラブルや変更せざるを得なかった点をしっかりと記録し、後の改善活動に役立たせます。

③ **確認（評価）**

実施期間が終了すると成果を確認します。うまくいった点はどこか、その理由は何かを明確にし、その後の実施の標準化に役立

 ＊2「指定地域密着型サービスの事業の人員、設備及び運営に関する基準」平成 18 年厚生労働省令第 34 号第 41 条

指定地域密着型サービスに該当する認知症対応型通所介護（以下「指定認知症対応型通所介護」という。）の事業は、要介護状態となった場合においても、その認知症（法第 5 条の 2 に規定する認知症をいう。以下同じ。）である利用者（その者の認知症の原因となる疾患が急性の状態にある者を除く。以下同じ。）が可能な限りその居宅において、その有する能力に応じ自立した日常生活を営むことができるよう生活機能の維持又は向上を目指し、必要な日常生活上の世話及び機能訓練を行うことにより、利用者の社会的孤立感の解消及び心身の機能の維持並びに利用者の家族の身体的及び精神的負担の軽減を図るものでなければならない。

たせます。また、達成できなかった点については、表面的な原因と本質的な原因に分けて今後の課題として捉えます。

ここでも大切なのは、計画段階で立てた目標と成果のギャップは、どこにあるのかを把握することです。「評価」の視点といってもいいでしょう。結果オーライではなく、あくまでも目的・目標に従って、達成状況を判断してください。

④ 対策実行

改善のための対策を実行するときに大切なのは、問題を現場の職員の能力や意識だけのせいにしないことです。

原因は、

- シフトなどの労働環境が悪かった
- 問題に気づくための申し送りの仕組みが機能していなかった
- カンファレンスで情報を共有していなかった

といったことであることも少なくありません。

仕組みや組織、体制面のどこに問題があるのかまで深く検討しておくことが必要です。改善活動としての問題が明確になって、はじめて新たな計画の立案に入ることになります。

このPDCAサイクルが、事業所内で習慣化されるよう定着を図ることが、生活相談員に課された重要な役割のひとつです。

---

*3「指定地域密着型介護予防サービスの事業の人員、設備及び運営並びに指定地域密着型介護予防サービスに係る介護予防のための効果的な支援の方法に関する基準」平成18年厚生労働省令第36号第4条

指定地域密着型介護予防サービスに該当する介護予防認知症対応型通所介護（以下「指定介護予防認知症対応型通所介護」という。）の事業は、その認知症（法第5条の2に規定する認知症をいう。以下同じ。）である利用者（その者の認知症の原因となる疾患が急性の状態にある者を除く。以下同じ。）が可能な限りその居宅において、自立した日常生活を営むことができるよう、必要な日常生活上の支援及び機能訓練を行うことにより、利用者の心身機能の維持回復を図り、もって利用者の生活機能の維持又は向上を目指すものでなければならない。

3 記録・文書が事業とサービスの質を高める
──監査対応を超えて

1 記録とは

　サービス内容を評価する場合の生命線は、「記録」にあります。先に述べたように、PDCAサイクルのC（Check：確認・評価）は、記録に基づいて実施するものです。記録がなければ、情報の共有化は実現できません。しかし、記録の検証によって、責任の所在や過失の有無を確認することが可能になります。

　日本は欧米に比べて、記録や文書の管理が遅れていると言われています。「略儀ながら書面をもって」という表現に見られるように、さまざまなやりとりを記録や文書で確認するような文化が育っていなかったため、いまだに口頭での確認で済ますケースも多く見られます。

　このようななか、口頭では「伝えたはず」「聞いていない」などのトラブルが発生する可能性があります。最近では、契約書などを文書で交わしたり、利用者の状態を記録に残したりすることの必要性が浸透し、習慣化してきました。

　介護業界でも文書で確認したり、対応方法などを手順書やマニュアルに記したり、介護の状況を記録にとったりすることが当たり前になってきています。

記録は書き換えてはならない

　記録とは、言うまでもなく文書の一部です。文書とは、記録も含め情報や知識、業務プロセスなどを記したもので、記録とは文書の中でも「証拠として作成、保管される」という特性をもちます。ノウハウや技術などを記した文書やマニュアルなどは、常に最新

のものが重要視され、現場で活かされますが、記録は、最新のものに書き換えられることはなく、その時点での事実を忠実に残す必要があります。そういう意味で、文書と記録では役割が異なります。

記録はその特性から、信憑性、正確性、利用性といった要素をもちます。信頼できる情報であるかどうか、あとから修正、変更、削除がなされていないか、もし変更があった場合には、変更があったことも記録に残っているかどうか、内容や時間など、事実をありのままに記載しているかどうか、あとで読み返す場合に検索しやすいように管理されているかどうか、といったことが管理上重要となります。

2 記録をとる意味

では、なぜ記録をとらなくてはならないのか、記録をとる意味は何かを考えてみましょう。記録をとる意味をよく考え、何を記録にすべきかが検討されていると、職員に対する教育や指導の面も含め、サービスの質を向上させるのに大変役立ちます。

記録をとる意味には、基本的に次の7つがあります。

記録をとる意味
❶ 証拠
❷ 情報共有
❸ 情報把握
❹ 標準化
❺ 課題発見
❻ 事故防止
❼ 教育

① 証拠としての記録

記録のもっとも基本的な機能です。記録があれば、事故や苦情があった場合に、事実関係が明らかになり、何が原因でどんな結果となったかを示すことができます。家族やケアマネジャーに利用者の状態を説明する際にも、証拠となる記録を元に進めることになります。

また、行政の実地指導などの場面では、当然、記録の有無が問

われます。サービスの正当性やルールに則った報酬算定が行われていることを立証してくれるのも記録です。

② 情報共有

日々の申し送りなど、利用者の状況を複数の職員で共有するために、記録が必要になります。1人の利用者を複数のスタッフで介護する際には、記録をもとに利用者の状態を把握します。当然、申し送りをすべき必要事項がもれなく記載されているかどうか、が重要なポイントとなります。

③ 情報把握

利用者の変化や状態を時系列で把握する場合に、記録が重要な意味を持つということです。利用者の生活歴、過去から現在に至るまで、どのように過ごしてきたかを把握する上で、記録はたいへん重要な役割を果たします。

④ 標準化

記録にとることを通じて、必ずやらなくてはならないことをやり逃さなくなる、ということです。例えばチェックリストを作成すると、必ず確認しなくてはならないポイントが標準化でき、サービス提供者が変わっても、サービスの質が利用者に影響があるほど変化しません。利用者に、継続した一定レベル以上のサービスが提供可能になります。

⑤ 課題発見

記録を読み取れば、利用者の傾向や特性が掴みやすくなります。たとえば、尿意をもよおした場合に、その利用者がどのような行動をとりやすいか、排泄のパターンを詳細に記録すれば、把握することができます。

⑥ 事故防止

これは、ヒヤリハット（インシデントレポート）の活用を考えればわかりやすいでしょう。事故には至らなかったけれど、ヒヤリとした事象を記録にとることで、事故防止の意識が根づいたり、

事故の原因を探ることができたりといった効果が生まれます。

⑦ 教育

　記録をとる内容が決まっていると、職員の介護に対する着眼点が養われます。現場で提供されたサービスが適切だったかどうかは、職員がその場で判断することが困難なことがあります。

　記録にとれば、日々の介護においてどのような点に気をつければよいか、自らを振り返ることができます。また、他の職員の記録を確認することによって、支援の技術的な課題や、支援のあり方そのものなどの「気づき」にもつながります。

3　記録にテーマをつける

　これまで見たように、記録にはさまざまな意味と効果が期待できます。

　例えば、自力で歩行したいという人のトイレ介助についての例を考えてみてください。

　トイレ介助の記録は、排泄のチェックシートなどに、「何時に排泄支援をしたか」などを記すのが通常でしょう。これがもし、自力で歩行したいというニーズのある方であれば、排泄以外にトイレへの誘導を記録する必要もでてきます。

　自力歩行という視点でトイレ介助を見ると、トイレに自分で行くために、「いつ尿意をもよおして」「トイレまでどれくらいの時間を要して」「実際に自分でどの程度、用をたすことができたのか」、などを記録にとることが必要になります。

　単に排泄の時系列的な記録では、自立支援には役立ちません。

例　トイレ介助の記録（排泄のアセスメントシート）

通常：排泄支援をした時刻を記録

自力歩行をしたいというニーズがある場合：
① 尿意をもよおす時間
② トイレまでの移動時間
③ 自力でどの程度、用をたせるのか

　　　　「何を記録するのか」
　　　　視点を変える必要がある

→ 時系列の記録では自立支援の役に立たない

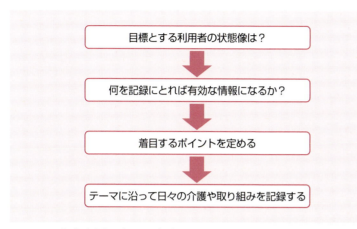

図3-4 ● 自立支援に向けた意味のある記録のための4つのステップ

　このような視点から記録を行えば、「自分でトイレに行けるように支援するために、利用者の現状課題はどこにあるのか」が明らかになります。

　ここで重要なのは、利用者本人の個別の要望や身体状況に応じたテーマづけをすることです。利用者が、自力歩行について前向きか後ろ向きか、といった気持ちも汲み取った上で、どこにでもある「排泄記録」ではなく、「自立に向けた排泄記録」というテーマの設定が大事です。一律ではない記録の着眼点を、職員にどう周知するかがポイントとなります。

記録はあくまで手段

　このように、自立支援に向けた取り組みや、利用者の望む生活の実現という目的を考えたとき、利用者の行動特性を記録にとってアセスメントに活かすことがスタートとなります。

　あくまでも、記録は、何らかの目的を達成するための手段です。手段が目的化しないように注意した上で、利用者の介護目標に合わせて、利用者のどこに着目するか、さらに、何を記録に残すことでどんな支援に役立つのか、というテーマを見つけることが重要です（図3-4）。

4 何はなくても コミュニケーション力
──利用者・家族、ケアマネ対処法

1 コミュニケーションとは

「コミュニケーションは介護技術の基本であり、人間理解の基本である」と報告書*にもあるように、介護現場でのコミュニケーション力の重要性は、ますます高まっています。「大きな声であいさつしよう」というレベルから、「傾聴・共感・受容」といったソーシャルワーク的な視点のものまで、コミュニケーション技術についての書籍は、巷にあふれています。

サービスの質の向上が至上命題といっても過言ではなくなった現在、生活相談員にとって、対人援助の基本とされる高いコミュニケーション能力は不可欠でしょう。

先に挙げたような事例を集めた書籍や研修会は、有用ではありますが、現実に遭遇するコミュニケーション場面は多種多様で、この膨大なケースを網羅的に学んでいこうとすることは、現実的には不可能に近いといえます。では、コミュニケーション能力は、どうやって養っていけばいいのでしょうか。

コミュニケーションの力を、具体的な技術としてだけ捉えるのではなく、その根本的な要素や要因を理解することのほうが、生活相談員にとっては大切だと考えます。

日本語に翻訳されたコミュニケーションは、「伝達」や「連絡」など、何かが伝えられていることを示していることがほとんどです。しかし、コミュニケーション（communication）の語源は、ラテン語のコミュニス（communis）だとされています。この言葉は、「共通したもの」、あるいは「共有物」といった意味だと言われています。

*「介護福祉士の教育のあり方に関する検討会報告書──養成カリキュラムに関する中間まとめ──」社団法人日本介護福祉士会（平成19年11月）

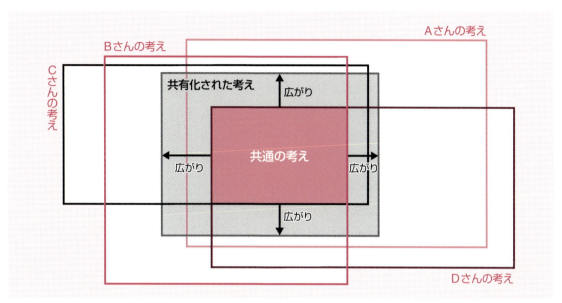

図 3-5 ● コミュニケーションから生まれる気づき

であれば、コミュニケーションとは、「何かが伝えられる」ことを通して、「何かが『共有』される」という状態やそのプロセスだと理解しても間違いではないと考えます。

2 コミュニケーションが進展させる「気づき」

図 3-5 のように、A さんと B さん、C さん、D さんの 4 人がコミュニケーションをとったとします。4 人すべてが納得できる意見や見解は「共通の考え」といえます。この部分を確認するだけが、コミュニケーション力なのでしょうか。

4 人それぞれが、自分は持っていなかった考えだけれども、他の人とのコミュニケーションによって考え方が広がり、「共通の考え」を超えた考えを持つようになったとしたらどうでしょうか。それを「気づき」という言葉で呼ぶこともできるでしょう。

専門職である生活相談員が、業務上で求められるコミュニケーション力とは、このようにコミュニケーションの当事者に気づきをもたらし、広がりのある「共有化」をもたらす力ではないでしょうか。

3 利用者・家族とのコミュニケーション

　生活相談員は、利用者や家族に向き合いながら、自立支援を行います。利用者の望む生活とはどのようなものかを理解し、利用者のできることや持っている力を引き出すことが求められます。「傾聴」が基本だと言われるのは、このためです。その後に続く、「共感」や「受容」も同様です。

　とはいえ、実際のデイサービスの現場は慌ただしく、「とても傾聴や共感なんて言ってられない」と感じる生活相談員がいるのも事実です。そう思ってしまうのは、利用者にとって有効なアドバイスを与えるのが生活相談員だという、措置時代に使われた「生活指導員」的な観念を抱いているからではないでしょうか。

　専門家であるあなたの考えと利用者や家族の思いを、完全に一致させることはできません。いくら専門家とはいえ、他人の考え方と同じにはなりません。しかし、利用者や家族とあなたが同じように気づいていくとしたらどうでしょうか。

　相互に「気づき」をもたらし、共有化された考えを広げていくというプロセスがコミュニケーションの力だと理解できれば、自ずと利用者や家族との向き合い方や言葉のかけ方、しぐさも変化していくはずです。

　そういった観点から、2015年度介護報酬改定の「生活相談員の専従要件の緩和」を捉えてみましょう。生活相談員がデイサービス内に閉じこもってばかりいるのではなく、家庭や地域に出掛けていけるという変化を、前向きに活用していけるはずです（17ページ参照）。

4 他職種とのコミュニケーション

　利用者や家族とは違い、同じ専門職同士だから理解しあえる、コミュニケーションがとりやすいと思われがちですが、ある意味で、一般の人以上に苦労が絶えません。これまでも、専門職間の連携の重要性は強調されてきました。しかし、これほど繰り返し強調されているのは、掛け声倒れに終わっていることの証拠でも

あります。

　ではなぜ、連携が進まないのでしょうか。その大きな要因のひとつが「インターフェース・ロス」にあるといわれています。「インターフェース・ロス」とは、機種などが異なるために、情報がうまく伝わらないことを意味する情報技術用語です。

　介護の分野でも異なる組織や職種間で情報伝達が行われる場合に、同様の現象が起きています。医師・看護師・OT・PT・ケアマネジャー・介護福祉士・ケースワーカーなど、各々の職種間には、職能・教育・思考方法に違いがあるためです。専門職であるがゆえに、互いに相手の職種の専門性を理解できないという逆説的な現象が起きているのです。

　このギャップを埋める方法は、2つです。「共通の目的」と「共通のプロトコル」です。

① 共通の目的＝利用者の利益

　共通の目的とは、いうまでもなく「利用者の利益」です。利用者の願いや希望、自立支援と言い換えてもかまわないでしょう。

　生活相談員とケアマネジャーという職種や、所属する事業所・法人の違いはあっても、利用者の利益のためという一点では、必ず同じ立場に立てるはずです。また、他の職種と違って、明確な教育体系がないという生活相談員の弱みと思われる点も、とらわれることなく利用者本位にものを見るという観点からは、決してマイナスではありません。

② 共通のプロトコル＝ICFの生活機能

　「共通のプロトコル」というのは、相互に決められた約束事のことで、「共通言語」といってもいいでしょう。互いに異なる教育課程を経た専門職間の共通言語として、もっともふさわしいのは、ICF（国際生活機能分類：International Classification of Functioning, Disability and Health の略称）をおいて他はありません（**11ページ**参照）。

　ICFの生活機能とは「人が生きること」全体です。生活機能は、心身機能・構造↔活動↔参加の双方向・相互関係（↔）で示され、3つの用語（状態）の包括用語として捉えられています。健康とは、

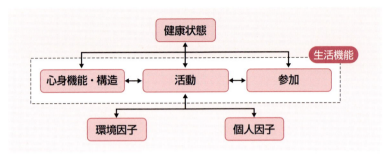

図 3-6 ● 国際生活機能分類（ICF）の概念

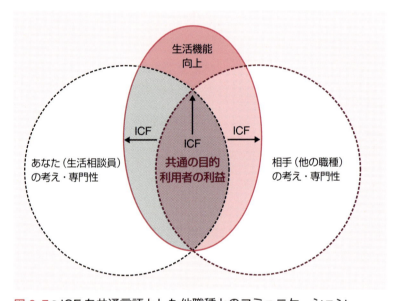

図 3-7 ● ICF を共通言語とした他職種とのコミュニケーション

「生活機能」全体が高い水準にあることを指しています（図 3-6）。

　ICF は生活機能水準を上げて、高い QOL を保証するものです。ところが、専門職間の極端な分業・分化、言い換えれば、「なわばり」や「共通の目標がない」「情報交換がない」「バラバラのケア」といった状況は、マイナスでしかありません。ICF を職種間の共通言語にすれば、目標の共有から始まる多職種協働がスムーズに行えます（図 3-7）。

　さらには、利用者が自らの問題を分析して希望を伝える際に、生活相談員が ICF を活用すれば、利用者とのコミュニケーションも円滑に行え、満足度を高めることができるようになります。

5 ケアマネジャーとのコミュニケーション

　他の職種とのコミュニケーションの中でも、対外的にもっとも頻度が高いのは、ケアマネジャーに対するものです。ケアプラン作成や変更を始め、利用者情報はケアマネジャーにとって必要不可欠なものです。

　生活相談員が、ケアマネジャーに対する連絡・報告が必要になるのは、以下のような場合です（図3-8）。

① 新規利用者の初回利用時

　利用者が初めてデイサービスを利用した日の状況は、ケアマネジャーにとって欠かせない情報です。利用者の状況だけでなく、他の利用者との関係性など、サービスの継続にかかわる情報を報告します。

　初回利用時に何らかの問題・課題が生じた場合には、その内容と、解決・解消に向けたデイサービス側の取り組みも合わせて報告する必要があります。もちろん、初回だけでは判断できない場合は、保留（経過観察）という対応も必要です。

② 課題の経過

　課題解決に向けた取り組みとその経過・成果を報告します。お

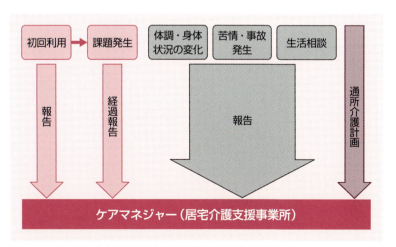

図3-8 ● ケアマネジャーに対する連絡・報告事項

おむね1カ月という期間を目安にするといいでしょう。

③ 体調・身体状況の変化時

　デイサービス利用時に発生した利用者の体調・身体面での変化は、いわゆる急変だけでなく、大事にいたらなくとも、気がついた時点でケアマネジャーに連絡してください。ケアプランや支援内容に、影響を与える可能性があるからです。

④ 苦情・事故発生時

　利用者や家族からの苦情や事故も、ケアマネジャーに報告することが大切です。概要や状況、対応を簡潔にまとめ速やかに報告してください。対応後の結果や再発防止策についても、それが明らかになり次第報告をします。

　事業所にとって芳しくない内容だからといって隠蔽を図ろうとしても、利用者や家族から、ケアマネジャーに伝わることが少なくありません。利用者の利益を第一にという姿勢こそが、ケアマネジャーとのコミュニケーションを円滑にし、信頼関係の構築につながります。

⑤ 生活相談

　利用者や家族から、生活相談員に相談があった場合は、相談者の了承を得て、ケアマネジャーに報告します。内容によっては、ケアマネジャーと連携しながら課題の解決が必要になる場合もあります。

⑥ 通所介護計画の提出

　2015年度の介護報酬改定に伴い、次のように居宅介護支援事業者が、各サービス提供事業者に、個別のサービス計画の提出を求めることが新たに運営基準に規定されました。

> 12　介護支援専門員は、居宅サービス計画に位置付けた指定居宅サービス事業者等に対して、訪問介護計画（指定居宅サービス等の事業の人員、設備及び運営に関する基準（平成11年厚生省令第37号。以下「指定居宅サービス等基準」という。）

第24条第1項に規定する訪問介護計画をいう。）等指定居宅サービス等基準において位置付けられている計画の提出を求めるものとする。

（「指定居宅介護支援等の事業の人員及び運営に関する基準」
平成11年3月31日厚生省令第38号　第13条第12号）

⑫担当者に対する個別サービス計画の提出依頼（第12号）

居宅サービス計画と個別サービス計画との連動性を高め、居宅介護支援事業者とサービス提供事業者の意識の共有を図ることが重要である。

このため、基準第13条第12号に基づき、担当者に居宅サービス計画を交付したときは、担当者に対し、個別サービス計画の提出を求め、居宅サービス計画と個別サービス計画の連動性や整合性について確認することとしたものである。

なお、介護支援専門員は、担当者と継続的に連携し、意識の共有を図ることが重要であることから、居宅サービス計画と個別サービス計画の連動性や整合性の確認については、居宅サービス計画を担当者に交付したときに限らず、必要に応じて行うことが望ましい。

さらに、サービス担当者会議の前に居宅サービス計画の原案を担当者に提供し、サービス担当者会議に個別サービス計画案の提出を求め、サービス担当者会議において情報の共有や調整を図るなどの手法も有効である。

（「指定居宅介護支援等の事業の人員及び運営に関する基準について」平成11年7月29日老企第22号厚生省老人保健福祉局企画課長通知　第2の3の(7)の⑫）

これに伴い、ケアマネジャーから通所介護計画の提供が求められた場合は、デイサービス側は、計画の提供に協力するよう努めることが以下のように定められました。

⑥居宅サービス計画に基づきサービスを提供している指定通所介護事業者については、第3の1の3の(13)の⑥を準用する。この場合において、「訪問介護計画」とあるのは「通所介護計画」と読み替える。

（「指定居宅サービス等及び指定介護予防サービス等に関する基準について」平成11年9月17日老企第25号厚生省老人保健福祉局企画課長通知　第3の6の3の(3)の⑥）

⑥指定居宅介護支援等の事業の人員及び運営に関する基準（平成11年厚生省令第38号）第13条第12号において、「介護支援専門員は、居宅サービス計画に位置付けた指定居宅サービス事業者等に対して、指定居宅サービス等基準において位置付けられている計画の提出を求めるものとする」と規定していることを踏まえ、居宅サービス計画に基づきサービスを提供している指定訪問介護事業者は、当該居宅サービス計画を作成している指定居宅介護支援事業者から訪問介護計画の提供の求めがあった際には、当該訪問介護計画を提供することに協力するよう努めるものとする。

（「指定居宅サービス等及び指定介護予防サービス等に関する基準について」平成11年9月17日老企第25号厚生省老人保健福祉局企画課長通知　第3の1の3の(13)の⑥）

　法令上は、デイサービスがケアマネジャーに対して通所介護計画を提出する「義務」があるのではなく、「努力義務」です。しかし、ケアマネジャーとサービス提供事業者の連動性を高め、意識の共有を図るという、この改正の趣旨に則って、他職種連携を進めていくことが大切です。

　また、ケアマネジャーから、内容についての問い合わせや意見が示されれば、それにしっかり対応することも必要になります。

　これらの連絡や報告全般にかかわる重要なポイントは、書類・口頭にかかわらず、「簡潔」「明瞭」であることです。お互い多忙な専門職同士であればこそ、そこでプロとしての力量が問われることになります。

さらなるステージへ！
——"できる"生活相談員のマネジメント

1 サービスの質を上げる

1 介護事業の3つの質

　介護事業では、「質の向上」への取り組みが、ますます重要になっています。とりわけ、激戦のデイサービスでは、至上命題と言ってもいいでしょう。では、向上させるべき対象とされている「質」とは、一体どのようなものなのでしょうか。

　介護事業における質には、「サービスの質」「人材の質」「マネジメントの質」の3つがあると考えられます（図4-1）。

① サービスの質

　「サービスの質」は、介護サービスの最も重要な要素であり、質の向上は、デイサービスの要である生活相談員が、常に念頭に置いておくべき最大の課題であるといえます。そのためには、「サービス」とは何か、あるいは「サービスの質」とは何か、という

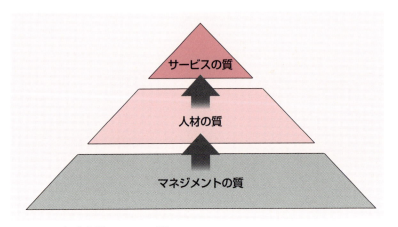

図4-1●介護事業の3つの質

点を明確にしておく必要があります。

② 人材の質

対人サービスである介護事業においては、人材、とりわけサービス提供者、職員の質が、重要なのは当然です。しかし、優秀な人材がいて、いくらすばらしいサービスが提供できても、それが一度きりでは、利用者にとって何ら利益はありません。継続的な提供ができなければ、介護サービスとしても事業としても評価の対象にはなりません。

事業としての介護が成立するには、量的にも質的にも、顧客である利用者、家族が満足するに足る人材が必要です。そのためには、体系的・継続的な人材の確保と育成のためのシステムが欠かせません。

③ マネジメントの質

介護を事業として継続的・発展的に行うために最も重要なポイントは、個々の職員の能力でも、単なる教育研修の方法でもありません。人材の採用から育成にいたるシステムを構築する、マネジメントそのものが問題なのです。

マネジメントとは、「経営資源を有効に活用し、業務遂行・目標達成を効果的に推進し、理念・目的の実現に至るプロセス」のことです。人材の質を向上させ、サービスの質を高めていくためには、マネジメントの質を高めることが大切です。

であれば、生活相談員としてマネジメントを理解し、マネジメントの質の向上に取り組むのは欠かせない役割だといえます。

2 ある日突然サービスはよくならない

たとえば、あなたのデイサービスが「自立支援を促すサービスに優れている」という高い評価を受けているとしましょう。

ある日までは、ひどく劣悪なものだったあなたのデイサービスが、「次の日から、突然に利用者から高い満足や評価を得るようになる」ということは考えられません。ある程度の期間にわたって、さまざまな取り組みを行い、失敗も重ね、徐々に満足が得ら

れるようになったはずです。

業務プロセスを掘り下げてみる

　生活相談員の役割は、自立支援を促すサービスへの評価という「現象面だけを見てよしとする」ものではありません。自立支援に資するサービスが提供されるためには、「事業所のどのような仕組みが機能したのか」ということを、掘り下げてみることが重要となります。

　あなたのデイサービスが掲げている「独自の理念や方針」や「大切にしている考え方」といったものが具現化された姿が「自立支援を促すサービス」であるとすれば、その理念や方針が具体的に実行されるために、どのようなプロセスがあるのか、職員の活動や議論、試行錯誤、改善活動などがどのようなものだったのかを振り返ってみる必要があります。

業務プロセスの振り返り例

- 継続的に行った「自立支援を促すサービスの改善」検討ミーティングが、うまく機能したのか？
- 利用者の何気ない声をサービス改善に活かす仕組みが機能したのか？
- 利用者の生活機能を回復させようという個別機能訓練が功を奏したのか？
- 機能訓練指導員と介護職員が協力して、プログラムの工夫を行ったことが寄与したのか？

　上記のような、業務プロセスが、「自立支援を促すサービス以外にも、どんな成功事例をもち、他のマネジメントにどのように生かされているか」を検討してみると、さらに広がりが出てきます。自分たちの事業所のユニークなやり方や工夫といったものがどこかに隠されていて、うまく具体化されているはずです。そのユニークなやり方や工夫を見ていくことによって、みなさん自身の強みが見出されるはずです。

　さらに、こうした仕組みがうまく動くということは、職員のモチベーションが高く保たれているということの結果として生まれることが多いものです。では、「そのモチベーションは、なぜ高

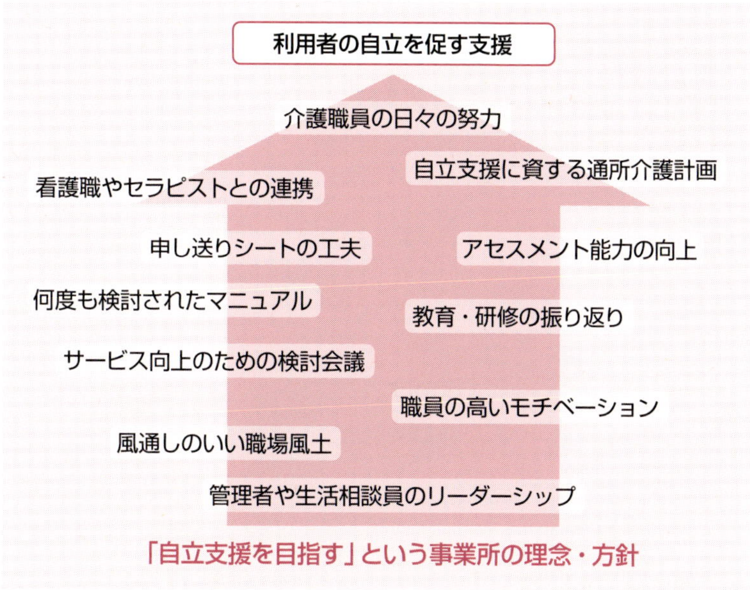

図 4-2 ● サービス改善に至るプロセス（例）

く維持されているのか」といったことを分析していくことも大切でしょう。

きっかけ➡プロセス➡利用者満足を振り返る

　このような満足度の高いサービスを提供することができるようになるには、最初に何かきっかけがあったはずです。職員のアイデアや意見だったかもしれません。生活相談員であるあなたのリーダーシップが、職員のやる気を引き出したかもしれません。利用者の家族からもらった苦情によって、サービスの改善や向上のために検討会議を開いたことがきっかけかもしれません。何度も検討され改善された仕組みが、申し送りシートの工夫につながり、情報が充分に共有化されたことかもしれません。

　どんなきっかけから、どのようなプロセスを経て「利用者満足」を生み出すに至ったのか、ということを振り返ることができれば、より組織的・継続的な事業展開が可能になります。それがマネジメントの意義であり、生活相談員に期待される責務なのです（図4-2）。

2 サービスの構造と「見える化」

1 理念を実現する仕組みが機能しているか

「見える化」*という言葉は、もともとは、トヨタの生産管理に端を発した言葉で、近年、さまざまな分野で用いられるようになりました。介護事業の仕組みづくりにおいても、この考え方が浸透してきています。

その意義は、

❶ 経営上の問題を可視化して、特定すること
❷ 可視化された問題を現場の改善的取り組みを通じて解決すること

という点にあります。

デイサービスにおいても、この取り組みはたいへん重要です。

第3章の2節「デイサービスの品質管理」で、デイサービスの目的は自立支援にあり、サービスのプロセスを継続的に改善していくPDCAサイクルのスタートは、「目指す姿と現状のギャップを課題として明らかにする」ことと述べましたが、それは、デイサービスのマネジメント全体のプロセスにおいても同じことです（56ページ参照）。

介護事業におけるマネジメントの視点は、「実現すべき理念・ミッションや方針、目指す姿に対して、その実現のために組織や仕組みが有効に機能しているかどうかにある」と述べましたが、介護事業がサービス業である以上、この理念や方針は、当然、サービス提供というパフォーマンスを通じて実現されなければなりません。

---

*見える化
日本企業の生産現場で行われてきた手法。基本的な情報やデータを現場に提示することで、現場の人が自ら気づき、問題意識をもって改善する仕組みをつくること。①問題の早期発見と解決、②情報公開による改善の活発化、③再発防止などの効果が期待できる。著名な例として、トヨタ自動車の「かんばん方式」（無駄を徹底的に排除した生産管理システム）が挙げられる。

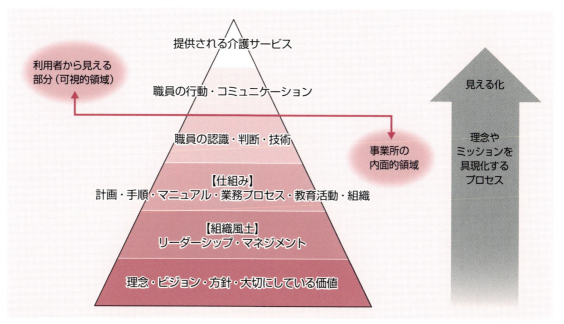

図4-3 ● サービスの構造とマネジメントの「見える化」

サービスを「構造」と捉え、可視化する

　そのためには、サービスを「構造」として捉える必要があります（図4-3）。「サービスは見えない」といわれますが、提供されるサービスの良し悪しは、利用者は判断できます。また、その良し悪しのもととなる職員の行動やコミュニケーションも、利用者から見える部分（可視的領域）です。

　このサービスの上部構造は、下部構造である利用者からは見えない事業所の内面的領域によって支えられています。それは、たとえば職員の判断・技術であり、計画や手順、教育などの「仕組み」です。

　さらに、その見えない部分の底辺には、リーダーシップやマネジメントという「組織風土」、一番のベースは、組織が目指す理念やビジョン、方針、大切にしている価値などが存在しています。

　マネジメントをうまく機能させるためには、まず、理念や方針を明確にして事業所全体に周知し、職員一人ひとりに役割と責任、権限を認識させなければなりません。その上で、必要な資源を提供して、業務を遂行しやすい仕組みを構築し、目指すサービスを

提供するための教育を行って、高いレベルで技術や知識を発揮できるようにすることが必要です。

このように、下部構造から上部構造への上向きのベクトルがうまく作用したときに、事業所は、顧客満足を達成するための「必要条件」を備えることになります。

「サービスの質＝職員の行動」ではない

ところが、サービスを改善しようとする際には、得てして目に見えるサービスのあり方や個々の職員の行動ばかりに、目が向けられがちです。しかし、目に見える部分だけを変えようとしても、成果は、なかなか上がりません。

なぜなら、サービス業である介護事業には、次のような特性があるからです。

❶同時性

モノを製造する場合には、生産→販売→消費という順序があり、生産と消費は切り離されていますが、サービスは、生産と消費が同じ時間、同じ空間で、同時に起こり、顧客（利用者）自らが、サービスの生産過程に参加することになります。

❷関係性

モノは非個人的なものですから、それを購入する顧客との間には、人間的な関係は生まれません。それに対して、サービスは個人的なものです。顧客がサービスの生産過程に参加するということは、サービスは、顧客と提供者の相互作用、共同作業によって生み出されるものだということです。

❸不可逆性

サービスは、いったん消費（利用）してしまうと元に戻すことができません。失敗したからといって、途中でリセットすることは不可能です。

サービスの見えない部分に目を向ける

このような、サービス固有の特性が要因となり、現場のサービ

ス提供そのものを改善・改良することはたいへん困難で、事業所全体のサービスを、継続して高めていくことも至難の業です。

さらに、マニュアルや業務手順書などといった「目に見えるツール」の改善・整備にだけに目を奪われていても、根本的な課題の解決には至りません。見えない部分に目を向けて、仕組みや組織風土を変えていかなければ、本質的な解決・改善には至らないのです。

2 マネジメントの改善プロセス

理念や方針を職員に周知させる（下から上へのベクトル）

それには、下部構造から上部構造へ不備の要素や改善要因を求めていくという上向きのベクトル、サービス構造を把握したマネジメントの改善プロセスが不可欠です。その、最初の一歩が、事業所の理念や方針をすべての職員に周知させることなのです。

言葉にすれば単純ですが、このプロセスは一度限りで終わるものではありません。機会を的確に捉え、伝えたい職員に対して、継続的に実施していくことが必要です。

思いつきや場当たり的な「結果オーライのサービス改善」は、意味がありません。

> **改善プロセスの視点**
> - 理念や方針、目指す姿が的確に職員全体に共有されているか？
> - 記録やマニュアルが、目指すサービスの実現に役立っているか？
> - 教育・研修は、事業所が目指すサービスの水準を上げることに役立っているか？
> - 仕組みが機能して、ケアに効果的に活かされているか？

上記のような視点で、サービスを計画的で継続的に高めていこうとする取り組みこそが、デイサービスのマネジメントに求められる「見える化」です（図4-4）。

「見える化」を定着させるために生活相談員の果たす役割は、

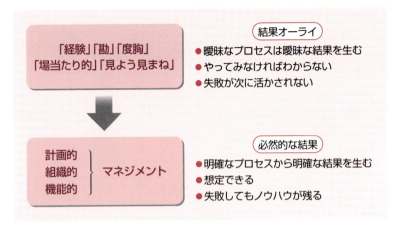

図 4-4 ● 結果オーライから必然的な結果へ

たいへん大きなものがあります。

日々の課題解決や改善プロセス（上から下へのベクトル）

先に、下部構造から上部構造への上向きのベクトルが必要だと述べましたが、これは、事業所の目指す姿を職員に周知させる方向です。

一方、たとえば、
- 利用者の稼働率が落ちている
- 機能訓練の成果が上がらない
- 職員の定着率が下がってきた

などといった現実のサービス現場で起こる問題の課題を明らかにし、解決を図っていくという、日々の課題解決、改善プロセスは、下向きのベクトルで行われるものです。図 4-5 のような掘り下げが必要です。

生活相談員はベクトルの交差点にいる

この上向きと下向きのベクトルが交差し、大切な情報がバランスよく集まり、問題解決やマネジメント改善のキーになるのが生活相談員のポジションなのです（図 4-6）。これを一歩間違えると、職員からは経営者のいいなりだと批判され、経営層からは職員を甘やかしていると厳しい評価を下されてしまいます。

経営者や管理者の意向を正確に把握し、各職員に周知させると

現状：利用者の稼働率が落ちている

考えられる原因：

アクティビティ時の職員の対応が、利用者の満足を満たしていない？
＝**職員の対応が不十分**

（**職員の対応が不十分**なのは）
個々の利用者の意向を、その場の反応からくみ取ることができていない？
＝**職員の受け止め方が未熟**

（**職員の受け止め方が未熟**なのは）
研修の中身がおざなりになっている？
＝**研修がおざなり**

（**研修がおざなり**なのは）
研修担当者が「やらされ感」で、漫然と計画し、実施しているから？
＝**研修担当者が意欲を持てない**

（**研修担当者が意欲を持てない**のは）
その職員のモチベーションや、悩みを共有しようというリーダーシップが不足しているから？

図 4-5 ● 課題の掘り下げ方の例

同時に、職員が現場で直面する問題や日々変化する利用者、家族の状態や意向を、経営者・管理者にきちんと理解させるという2つの責務が、生活相談員には求められているのです。

　これがうまくいっているのが「風通しの良い事業所」といわれるのです。単に、上から下、下から上にすべての情報を流せばいいというものではありません。

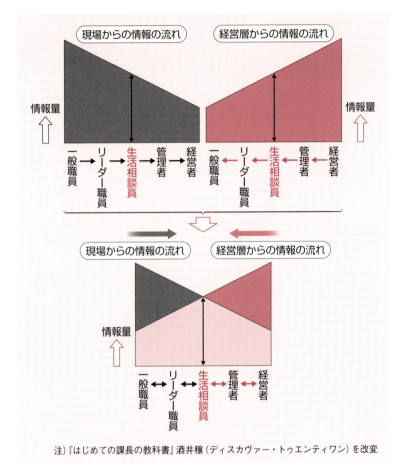

注)『はじめての課長の教科書』酒井穣(ディスカヴァー・トゥエンティワン)を改変

図 4-6 ● 事業所内の情報の流れと生活相談員のポジション

情報の取捨選択が生活相談員の責務

　経営層も現場もどちらも、抱えきれないほどの情報を持っています。しかし、個々人が処理できる情報量には限りがあります。これに優先順位をつけ、フィルタリング(取捨選択)し、スピーディーかつ活力ある意思決定と業務遂行を促していくのが生活相談員だといっても過言ではあません。

3 リスクマネジメントの真の意義
――事故防止を超えた取り組み

1 リスクマネジメントとは

「守り」ではなく「攻めるリスク」を考える

　近年、リスクあるいはリスクマネジメント（risk management）という言葉は一般にも流布し、介護事業においても多くの事業所で取り組みが進められています。

　そこで、生活相談員に「リスクマネジメントとは何でしょうか？」と尋ねると、ほとんどが「事故防止」あるいは「危機管理」という返事が返ってきます。たしかにリスクマネジメントの重要なテーマには、損害を未然に防ぐための取り組みがあります。

　しかし、リスクマネジメントとは、こうしたマイナス（守り）の面だけではありません。"risk"という言葉を辞書でひくと、「危険」という意味のほかに、「冒険」という訳も出ています。攻めればリスクが発生する、その「攻めるリスク」をどうマネジメントすればよいか、ということもリスクマネジメントの分野なのです。

●事業をやめる＝リスクゼロだが…

　リスクをゼロにする、一番確実で手っ取り早い方法は、事業をやめてしまうことです。リスクをとらない限り、リターンは生まれてきません。リスクテイクなしには、事業は継続できないのです（図4-7）。

　また、介護事業のリスクは業務中の事故のリスクだけではありません。その範囲は表4-1のように多岐にわたります。

　事業一般におけるリスクマネジメントは、「経営理念・事業目

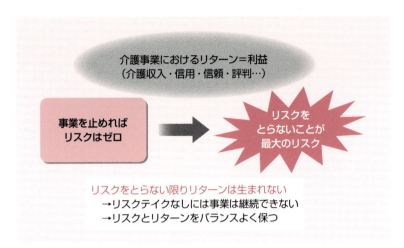

図 4-7 ● リスクとリターンの関係

表 4-1 ● 介護事業の主なリスク

災害のリスク	自然災害	地震　台風　水害　噴火　野生動物による被害　害虫による被害
	人為的事故	停電　断水　ガス漏れ　振動　低周波被害　騒音　ほこり・排気ガス等による被害　土壌汚染　煙　異臭　コンピュータセキュリティ　情報喪失
	その他の災害	火災　漏電
事故のリスク	利用者の事故	転倒　転落　骨折　あざ　出血　やけど　誤飲　異食　薬剤誤飲　徘徊　交通事故　行き倒れ　溺死　凍死　けんか　いじめ　嫌がらせ　暴力　金品被害　自殺
	職員の事故	利用者の私有物の破損　利用者からの暴力等による被害　交通事故　通勤災害　労災事故
	その他の事故	感染症　食中毒　褥瘡　脱水　栄養障害　低温やけど　不適切な介護による事故　職員の暴言等による心理的な被害　職員による金品の搾取
経営・運営のリスク	法務上のリスク	補助金・介護報酬の不正受給　環境汚染（紙おむつ・粗大ゴミ等）
	財務上のリスク	介護報酬の支払い遅延・保留・返戻　収支の悪化　資金運用の失敗
	労務上のリスク	労働争議　職場放棄　集団離職　職員異動に伴う低レベル化　利用者情報漏えい　守秘義務違反　セクシャルハラスメント　職場内の人間関係悪化
政治・経済・社会のリスク	政治的リスク	社会福祉政策の変更　制度変革
	経済的リスク	金融機関の倒産　損害保険等の未加入・未払い・契約切れ
	社会的リスク	プライバシー侵害　ボイコット
その他のリスク	施設・設備	施設老朽化　建物の瑕疵　設備の故障　機械等の整備不良
	市場の変化	ニーズ変化　サービス環境の変化（競合激化・技術の陳腐化・価格破壊等）
	苦情・クレーム	重要顧客の流失　苦情・クレーム対応のミス

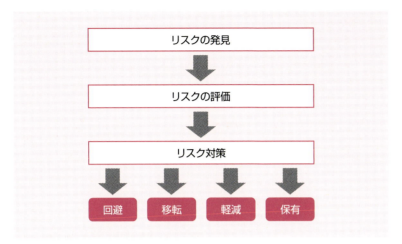

図 4-8 ● リスクマネジメントプロセス

標を達成し、継続的な事業経営を可能にするための体系的なリスク管理活動」と定義できます。リスクマネジメントは、単に危険を見つけるだけの活動ではありません。リスクを常に事業目的との関係で把握すること、「(事業経営の) 目的を阻害する要因」として捉えることが大切です。

2 リスクマネジメントのプロセス

リスクマネジメントは、
❶リスクの発見
❷リスクの評価
❸リスク対策
というプロセスをたどります（図 4-8）。

① リスクの発見

リスクマネジメントの第一歩は、リスクを発見することです。損害を発生させる可能性のある要因、別の言葉で言えば目的を阻害する要因を明らかにすることです。そのために、ヒヤリハット報告（インシデントレポート）や事故報告は、リスク発見の有効なツールといえます。

② リスクの評価

次に、発見されたリスクを評価し、優先的に対応すべきリスクを明確にします。リスクを評価するときには、リスクの大きさ（影響度）とリスクの発生確率（頻度）の2つの視点から見ていきます。

事業への影響度が大きく、頻度も高いリスクは、当然、最優先で対応すべきです。以下、「優先順位決定のマトリックス」に従って、影響度の高いリスクから優先的に対応していくことになります（**28 ページ**参照）。

③ リスク対策

対応すべきリスクが確定されたら、それぞれにふさわしい解決手法を選択します。リスクの解決手法には、

1. 回避
2. 移転
3. 軽減
4. 保有

の4つがあります。

たとえば、

> 今日の午後、外出する予定で天気予報を見ると、午後の降水確率が30％だった
> ➡雨がいやなので外出を取りやめる＝回避
> ➡傘を持って出かける＝移転
> ➡午前中に外出を済ませる＝軽減
> ➡予定通り外出する＝保有

このように考えれば理解しやすいでしょう。

❶ リスク回避

リスクのある状況に巻き込まれないようにする、ないしはリスクのある状況から撤退することを言います。そのリスクが発生したときの影響度が、経営的に受け入れられないほど大きな場合に選択されることがあります。

たとえば、誤嚥による死亡リスクの大きな利用者に対して経管栄養を施すことなどが考えられます。リスクの発生前に対応する予防的対策といえます。

❷ リスク移転

リスクが発生したときの損害を、他者と分担することをいいます。たとえば、損害保険を活用することなどが挙げられます。リスク発生後の事後的対策がメインになります。

❸ リスク軽減

リスクの発生確率ないしは影響の大きさのいずれか、またはその両方を軽減することで、リスク対策の基本ともいえます。

> **例 ベッドからの転落のリスクが大きい利用者**
> - 発生確率の軽減策（予防的対策）
>   - ベッド柵を設置する
> - 影響度（損害）の大きさを軽減する策（事後的対策）
>   - ベッドの高さを低くする
>   - マットを敷く

❹ リスク保有

リスクを現状のレベルのまま保持し、受容することです。たとえば、リスクがあることを承知で「見守り」という選択をする場合が該当します。これは、予防的対策と事後的対策の中間的対策といえます。

生活相談員には、常にこのようなプロセスを描きながら、リスクとリターンをバランスよく保つことが求められます。

3 SHELLモデルの活用

ヒヤリハット・事故報告は、リスク発見の有効なツールと述べましたが、それらをもとにリスク要因を分析するための有効な手法に「SHELLモデル」があります（図4-9）。

SHELLモデルとは、事故やヒヤリハット要因を、S（Soft-

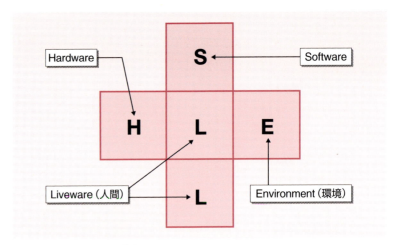

図 4-9 ● SHELL モデル

ware：ソフトウェア)、H (Hardware：ハードウェア)、E (Environment：環境)、L (Liveware：人間) に分解して、その対応を考えるというモデルです。2つのLは、中心のLが当事者、介護事業でいえば利用者のことで、もうひとつのLはサービス提供者を意味します。

たとえば、排泄介助時に介護職が転倒事故を起こしたとすると、その要因を、

S（ソフトウェア）：アセスメントに不備はなかったか
H（ハードウェア）：便座や手すりなどハードウェアは適切だったか
E（環境）：サービス提供に支障のない職場環境、労働環境にあったか
L（利用者）：利用者の心身状況に問題はなかったか
L（サービス提供者）：サービス提供者の判断や支援方法は適切であったか

などの視点から分析をするものです。

事故は、これらの要因が絡み合いながら、あるきっかけがもとで発生するものです。この連鎖を、「リスクチェーン」と呼びます（図 4-10）。SHELL モデルは、このリスクチェーンを読み解くことによって課題を発見し、改善策を構造的に浮かびあがらせるという特性をもっています。

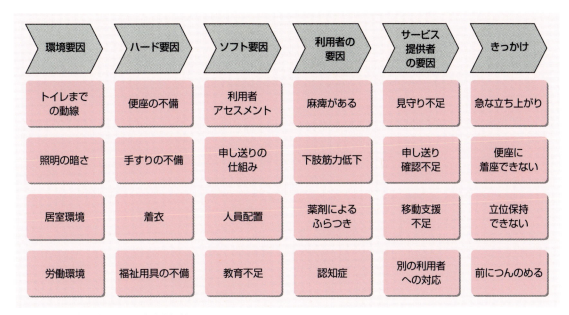

図 4-10 ● 排泄介助時の転倒事故のリスクチェーン

4 苦情への対応

対応・改善は事業所全体で取り組む

　苦情への対応は、生活相談員の大切な業務です。しかし、生活相談員だけがかかわる仕事ではありません。

　生活相談員は、苦情の窓口として、利用者や家族からの訴えを聞き、調整を行いますが、対応や改善は事業所全体で取り組まなければなりません。苦情の原因は、生活相談員だけにあるわけではありません。

　また、早く収束させようとするあまり、自分だけで判断し、ひとりで謝罪に出かけたりすることも慎むべきです。

　苦情への対応の手順は、次のように行ってください。

● 訴えを聞く

　プライバシーを保てる部屋で、可能であれば、複数の職員で対応することをお勧めします。

　まず、相手方の言い分をしっかり聞きます。「傾聴」を心がけ

てください。決して話の途中でさえぎったり、反論したりせずに、相手の言い分が終わるまで聞いてください。

相手が興奮していたり、過度に感情的になっている場合は、対応する職員を変える、別室に移動する、などが上手な対応方法です。

電話対応は、難しいものです。事業所に出向いてもらえない場合は、こちらから訪問する方が、スムーズにことが運ぶ場合が多いものです。

● **訴えを聞き終えたら**

わからないこと、自分だけで判断できないことは、即答せず、期限を明らかにして、後日回答する旨を約束します。事実関係がはっきりしないうちは、謝罪はしませんが、不愉快な思いをさせたことについては、おわびするといいでしょう。

その後、速やかに管理者に報告します。

次に、事実関係の確認を行います。関係した職員から事情を聞き取り、双方の言い分から、事実を正確に把握します。

● **対応策の決定と説明**

生活相談員だけで抱え込まず、管理者、関係する職員、ときには事業所全体で原因を調査し、対応策を決定します。

調査や対策の決定までに時間がかかる場合は、経過報告、中間報告を行います。

結果的に、事業所側に非があれば、誠意をこめた謝罪と、対応策を報告し、利用者、家族の同意を得てください。

「利用者、家族への対応で事足れり」とせず、事業所内で共有し、再発防止と業務改善に向けた取り組みを進めてください。

参考文献

1) 青木正人・浅野睦. 選ばれる事業者になる 変革期の介護ビジネス 情報公表制度・第三者評価を活かす事業経営. 学陽書房, 2007.
2) 青木正人. 新入介護職員 早期戦力化マニュアル. 日本医療企画, 2010.
3) 梅沢佳裕. 生活相談員―その役割と仕事力. 雲母書房, 2011.
4) 大田区通所介護事業者連絡会編. デイサービス生活相談員業務必携―24年度介護報酬改定増強版. 日総研出版, 2012.
5) 酒井穣. 新版 はじめての課長の教科書. ディスカヴァー・トゥエンティワン, 2014.
6) 青木正人. 青木正人の介護福祉MBA講座. 月刊老施協. 全国老人福祉施設協議会, 2008, 6-11.
7) 青木正人. 地域包括ケア時代の人材開発―ヒューマン・リソースからヒューマン・キャピタルへ. 医療と介護Next. メディカ出版, 2015, vol.1-2.

資料｜法令（抜粋）

■1章

頁	項目	法令など	原文
9	認知症加算	告示19号別表の6の注9の別に厚生労働大臣が定める基準：厚生労働省告示第95号17 通所介護費における認知症加算の基準	※別に厚生労働大臣が定める基準の内容は次のとおり。 通所介護費における認知症加算の基準 次に掲げる基準のいずれにも適合すること。 イ　指定居宅サービス等基準第93条第1項第2号又は第3号に規定する看護職員又は介護職員の員数に加え、看護職員又は介護職員を常勤換算方法（指定居宅サービス等基準第2条第7号に規定する常勤換算方法をいう。）で2以上確保していること。 ロ　指定通所介護事業所における前年度又は算定日が属する月の前3月間の利用者の総数のうち、日常生活に支障を来すおそれのある症状又は行動が認められることから介護を必要とする認知症の者の占める割合が100分の20以上であること。 ハ　指定通所介護を行う時間帯を通じて、専ら当該指定通所介護の提供に当たる認知症介護の指導に係る専門的な研修、認知症介護に係る専門的な研修、認知症介護に係る実践的な研修等を修了した者を1名以上配置していること。
12	個別機能訓練加算	告示19号別表の6の注8の別に厚生労働大臣が定める基準：厚生労働省告示第95号16 通所介護費における個別機能訓練加算の基準	※別に厚生労働大臣が定める基準の内容は次のとおり。 通所介護費における個別機能訓練加算の基準 イ　個別機能訓練加算（Ⅰ）次に掲げる基準のいずれにも適合すること。 （1）指定通所介護を行う時間帯を通じて、専ら機能訓練指導員の職務に従事する常勤の理学療法士、作業療法士、言語聴覚士、看護職員、柔道整復師又はあん摩マッサージ指圧師（以下この号において「理学療法士等」という。）を1名以上配置していること。 （2）個別機能訓練計画の作成及び実施において利用者の自立の支援と日常生活の充実に資するよう複数の種類の機能訓練の項目を準備し、その項目の選択に当たっては、利用者の生活意欲が増進されるよう利用者を援助し、心身の状況に応じた機能訓練を適切に行っていること。 ロ　個別機能訓練加算（Ⅱ） 次に掲げる基準のいずれにも適合すること。 （1）専ら機能訓練指導員の職務に従事する理学療法士等を1名以上配置していること。 （2）機能訓練指導員等が共同して、利用者の生活機能向上に資するよう利用者ごとの心身の状況を重視した個別機能訓練計画を作成していること。 （3）個別機能訓練計画に基づき、利用者の生活機能向上を目的とする機能訓練の項目を準備し、理学療法士等が、利用者の心身の状況に応じた機能訓練を適切に提供していること。 （4）イ(4)に掲げる基準に適合すること。
13の1	個別機能訓練加算	上に同じ	※別に厚生労働大臣が定める基準の内容は次のとおり。 通所介護費における個別機能訓練加算の基準 イ （4）機能訓練指導員等が利用者の居宅を訪問した上で、個別機能訓練計画を作成し、その後3月ごとに1回以上、利用者の居宅を訪問した上で、当該利用者又はその家族に対して、機能訓練の内容と個別機能訓練計画の進捗状況等を説明し、訓練内容の見直し等を行っていること。

	項目	法令など	原文
13の2	個別機能訓練加算	告示19号別表の6の注8の別に厚生労働大臣が定める基準：厚生労働省告示第95号 16 通所介護費における個別機能訓練加算の基準	※別に厚生労働大臣が定める基準の内容は次のとおり。 通所介護費における個別機能訓練加算の基準 イ 　（3）機能訓練指導員、看護職員、介護職員、生活相談員その他の職種の者（以下この号において「機能訓練指導員等」という。）が共同して、利用者ごとに個別機能訓練計画を作成し、当該計画に基づき、計画的に機能訓練を行っていること。
14	中重度者ケア体制加算	告示19号別表の6の注7の別に厚生労働大臣が定める基準：厚生労働省告示第95号 15 通所介護費における中重度者ケア体制加算の基準	※別に厚生労働大臣が定める基準の内容は次のとおり。 通所介護費における中重度者ケア体制加算の基準 次に掲げる基準のいずれにも適合すること。 ロ　指定通所介護事業所（指定居宅サービス等基準第93条第1項に規定する指定通所介護事業所をいう。以下同じ。）における前年度又は算定日が属する月の前3月間の利用者の総数のうち、要介護状態区分が要介護3、要介護4又は要介護5である者の占める割合が100分の30以上であること。
18の1	【基準解釈通知】指定居宅サービス等及び指定介護予防サービス等に関する基準について	老企25号第3の6の1の（1）	④（略） 　なお、指定通所介護事業所が、利用者の地域での暮らしを支えるため、医療機関、他の居宅サービス事業者、地域の住民活動等と連携し、指定通所介護事業所を利用しない日でも利用者の地域生活を支える地域連携の拠点としての機能を展開できるように、生活相談員の確保すべき勤務延時間数には、「サービス担当者会議や地域ケア会議に出席するための時間」、「利用者宅を訪問し、在宅生活の状況を確認した上で、利用者の家族も含めた相談・援助のための時間」、「地域の町内会、自治会、ボランティア団体等と連携し、利用者に必要な生活支援を担ってもらうなどの社会資源の発掘・活用のための時間」など、利用者の地域生活を支える取組のために必要な時間も含めることができる。 　ただし、生活相談員は、利用者の生活の向上を図るため適切な相談・援助等を行う必要があり、これらに支障がない範囲で認められるものである。
18の2	平成27年度介護報酬改定に関するQ&A vol.1（平成27年4月1日）	問49	○地域連携の拠点としての機能の充実 問49　生活相談員の勤務延時間に、「地域の町内会、自治会、ボランティア団体等と連携し、利用者に必要な生活支援を担ってもらうなど社会資源の発掘、活用のための時間」が認められたが、具体的にはどのようなものが想定されるのか。また、事業所外での勤務に関しては、活動実績などの記録を保管しておく必要があるか。 （答） 例えば、以下のような活動が想定される。 ・事業所の利用者である要介護者等も含んだ地域における買い物支援、移動支援、見守りなどの体制を構築するため、地域住民等が参加する会議等に参加する場合 ・利用者が生活支援サービスを受けられるよう地域のボランティア団体との調整に出かけていく場合 生活相談員の事業所外での活動に関しては、利用者の地域生活を支えるための取組である必要があるため、事業所において、その活動や取組を記録しておく必要がある。

■2章

頁	項目	法令など	原文
22	配置基準	省令37号第93条第1項第1号	（従業者の員数） 第93条 指定通所介護の事業を行う者（以下「指定通所介護事業者」という。）が当該事業を行う事業所（以下「指定通所介護事業所」という。）ごとに置くべき従業者（以下この節から第四節までにおいて「通所介護従業者」という。）の員数は、次のとおりとする。 1　生活相談員　指定通所介護の提供日ごとに、当該指定通所介護を提供している時間帯に生活相談員（専ら当該指定通所介護の提供に当たる者に限る。）が勤務している時間数の合計数を当該指定通所介護を提供している時間帯の時間数で除して得た数が一以上確保されるために必要と認められる数
22	資格要件	老企25号第3の6の1の（2）	（2）生活相談員（居宅基準第93条第1項第1号） 　生活相談員については、特別養護老人ホームの設備及び運営に関する基準（平成11年厚生省令第46号）第5条第2項に定める生活相談員に準ずるものである。
22	資格要件	省令46号第5条第2項	（職員の資格要件） 第5条　特別養護老人ホームの長（以下「施設長」という。）は、社会福祉法（昭和26年法律第45号）第19条第1項　各号のいずれかに該当する者若しくは社会福祉事業に2年以上従事した者又はこれらと同等以上の能力を有すると認められる者でなければならない。 2　生活相談員は、社会福祉法第19条第1項　各号のいずれかに該当する者又はこれと同等以上の能力を有すると認められる者でなければならない。

頁		法令など	原文
22	資格要件	社会福祉法第19条第1項	（資格等） 第19条　社会福祉主事は、都道府県知事又は市町村長の補助機関である職員とし、年齢20年以上の者であつて、人格が高潔で、思慮が円熟し、社会福祉の増進に熱意があり、かつ、次の各号のいずれかに該当するもののうちから任用しなければならない。 1　学校教育法（昭和22年法律第26号）に基づく大学、旧大学令（大正7年勅令第388号）に基づく大学、旧高等学校令（大正7年勅令第389号）に基づく高等学校又は旧専門学校令（明治36年勅令第61号）に基づく専門学校において、厚生労働大臣の指定する社会福祉に関する科目を修めて卒業した者
22		老人福祉センター設置運営要綱	第1　総則 1　目的 　老人福祉センターは、地域の老人に対して、各種の相談に応ずるとともに、健康の増進、教養の向上及びレクリエーションのための便宜を総合的に供与し、もつて老人に健康で明るい生活を営ませることを目的とする。
32の1		省令37号第98条第1号	（指定通所介護の具体的取扱方針） 第98条　指定通所介護の方針は、次に掲げるところによるものとする。 1　指定通所介護の提供に当たっては、次条第一項に規定する通所介護計画に基づき、利用者の機能訓練及びその者が日常生活を営むことができるよう必要な援助を行う。
32の2		省令37号第99条第1項	（通所介護計画の作成） 第99条　指定通所介護事業所の管理者は、利用者の心身の状況、希望及びその置かれている環境を踏まえて、機能訓練等の目標、当該目標を達成するための具体的なサービスの内容等を記載した通所介護計画を作成しなければならない。
32の3		老企25号第3の6の3の(3)の②	(3)　通所介護計画の作成 　②　通所介護計画は、サービスの提供に関わる従業者が共同して個々の利用者ごとに作成するものである。
32の4		老企25号第3の6の3の(3)の①	(3)　通所介護計画の作成 　①　居宅基準第99条で定める通所介護計画については、介護の提供に係る計画等の作成に関し経験のある者や、介護の提供について豊富な知識及び経験を有する者にそのとりまとめを行わせるものとし、当該事業所に介護支援専門員の資格を有する者がいる場合は、その者に当該計画のとりまとめを行わせることが望ましい。

■3章

頁	法令など	原文
43の1	介護保険法	（目的） 第1条 この法律は、加齢に伴って生ずる心身の変化に起因する疾病等により要介護状態となり、入浴、排せつ、食事等の介護、機能訓練並びに看護及び療養上の管理その他の医療を要する者等について、これらの者が尊厳を保持し、その有する能力に応じ自立した日常生活を営むことができるよう、必要な保健医療サービス及び福祉サービスに係る給付を行うため、国民の共同連帯の理念に基づき介護保険制度を設け、その行う保険給付等に関して必要な事項を定め、もって国民の保健医療の向上及び福祉の増進を図ることを目的とする。
43の2	社会福祉法	（目的） 第1条 この法律は、社会福祉を目的とする事業の全分野における共通的基本事項を定め、社会福祉を目的とする他の法律と相まって、福祉サービスの利用者の利益の保護及び地域における社会福祉（以下「地域福祉」という。）の推進を図るとともに、社会福祉事業の公明かつ適正な実施の確保及び社会福祉を目的とする事業の健全な発達を図り、もって社会福祉の増進に資することを目的とする。

資料｜正式名称

告示19号	指定居宅サービスに要する費用の額の算定に関する基準（平成12年厚生省告示第19号）
老企25号	指定居宅サービス等及び指定介護予防サービス等に関する基準について（平成11年9月17日老企第25号厚生省老人保健福祉局企画課長通知）
省令37号	指定居宅サービス等の事業の人員、設備及び運営に関する基準（平成11年3月31日厚生省令第37号）
省令46号	特別養護老人ホームの設備及び運営に関する基準（平成11年3月31日厚生省令第46号）
社会福祉法	社会福祉法（昭和26年3月29日法律第45号）
老人福祉センター設置運営要綱	老人福祉法による老人福祉センターの設置及び運営について（昭和52年8月1日付社老第48号）の別紙　1　老人福祉センター設置運営要綱
介護保険法	介護保険法（平成9年12月17日法律第123号）
社会福祉法	社会福祉法（昭和26年3月29日法律第45号）

● **著者プロフィール**

青木 正人（あおき　まさと）

株式会社ウエルビー　代表取締役
日本介護経営学会会員
現代経営学研究所会員

1955 年富山県生まれ。神戸大学経営学部卒業。2000 年に株式会社ウエルビーを設立。介護経営指導の第一人者として、介護福祉ビジネスの経営・人事労務・教育分野ならびに自治体の福祉施設等のコンサルティングを展開している。

主な監著書
『介護保険サービス指定基準ガイド 2015』（日経 BP 社）
『介護経営白書』（日本医療企画）
『介護福祉の仕組み―職種とサービス提供形態を理解する』（日本医療企画）
『新入介護職員　早期戦力化マニュアル』（日本医療企画）
『入門　在宅介護ビジネス―最新の経営ノウハウ』（ぎょうせい）
『選ばれる事業者になる変革期の介護ビジネス―情報公表制度・第三者評価を活かす事業経営』（学陽書房）
『最新　成功する介護ビジネスの起こし方・運営一切』（日本実業出版社）

もっと介護力！シリーズ
変わる！地域包括ケア時代の働き方
デイサービス生活相談員"できる"仕事術
―2015年度介護報酬改定新基準に完全対応！

2015 年 8 月 10 日発行　第 1 版第 1 刷
2016 年 6 月 20 日発行　第 1 版第 3 刷

著　者　青木　正人
発行者　長谷川　素美
発行所　株式会社メディカ出版
　　　　〒532-8588
　　　　大阪市淀川区宮原3-4-30
　　　　ニッセイ新大阪ビル16F
　　　　http://www.medica.co.jp/
編集担当　佐藤いくよ
編集協力　遠藤純子／髙橋なつき／髙野有子
装　　幀　臼井弘志
本文イラスト　はんざわのりこ
印刷・製本　株式会社シナノ パブリッシング プレス

©Masato AOKI, 2015

本書の複製権・翻訳権・翻案権・上映権・譲渡権・公衆送信権（送信可能化権を含む）は、（株）メディカ出版が保有します。

ISBN978-4-8404-5436-0　　　　　　　　　　　　　Printed and bound in Japan

当社出版物に関する各種お問い合わせ先（受付時間：平日 9：00 ～ 17：00）
　●編集内容については、編集局 06-6398-5048
　●ご注文・不良品（乱丁・落丁）については、お客様センター 0120-276-591
　●付属の CD-ROM、DVD、ダウンロードの動作不具合などについては、デジタル助っ人サービス 0120-276-592